KB197573

유치원 — 초등학교 선생님이 함께 쓴

유·초 이음교육
How To

유·초 이음교육 How To

초판 1쇄 발행   2024년 11월 22일

지은이   김나영, 백송이, 유성훈, 이예린, 김민경, 김지영, 전원미, 최미화, 최윤미
발행인   최윤서
편집장   이경혜
디자인   김수경
마케팅 지원   최수정
펴낸 곳   (주)교육과실천
도서 문의   02-2264-7775
인쇄   031-945-6554 두성 P&L
일원화 구입처   031-407-6368 (주)태양서적
등록   2020년 2월 3일 제2020-000024호
주소   서울특별시 중구 창경궁로 18-1 동림비즈센터 505호
ISBN   979-11-91724-74-5 (13370)

책값은 뒤표지에 있습니다.
저작권법에 따라 한국 내에서 보호를 받는 저작물이므로 무단 전재 및 복제를 금합니다.

유치원 ─ 초등학교 선생님이 함께 쓴

유·초 이음교육
How To

김나영 · 백송이 · 유성훈 · 이예린 · 김민경

김지영 · 전원미 · 최미화 · 최윤미 지음

교육과실천

들어가며

유·초 이음교육을 왜 시작하게 되었냐는 질문을 종종 받습니다.

최근 많은 선생님이 유·초 이음교육에 동참하고 있습니다. 새로운 교육 모델에 대한 관심으로, 학교 운영 사업으로, 기관 특성에 따라 어쩔 수 없이, 교사이자 학부모로서 초등학생과 초등학교 입학 전 자녀의 적응을 돕기 위해 등 다양한 이유로 유·초 이음교육을 시작하게 되었을 것입니다. 저마다 계기는 달라도 유·초 이음교육을 어떻게 운영해야 하는지, 제대로 하고 있기는 한지 막막한 마음은 모두 같을 것입니다. 더군다나 학교급이 달라 유치원과 초등학교 교사들이 함께 만나기도 어렵고, 서로의 교육과정에 대한 이해가 부족한 탓에 이음교육을 운영해 나갈수록 답답함을 느끼기도 했을 것입니다.

우리 역시 선생님들과 같은 고민을 했고 비슷한 어려움을 겪었습니다. 그래서 유치원과 초등학교 교사들이 함께 유·초 이음교육에 대해 깊이 있게 공부를 시작하게 되었습니다. 그동안 마음과 생각을 모아 부지런히 고민하고 실천해 온 내용을 토대로, 유·초 이음교육 현장에서 선생님들이 마주치는 물음표를 느낌표로 바꾸어 가기 위해 이 책을 엮었습니다.

유·초 이음교육의 방향을 찾기 위해 다양한 사례를 모으며 발견한 것이 있습니다.

'유·초 이음교육'이라는 이름을 붙였지만, 안타깝게도 유아의 발달과 유치원 교육과정을 고려하지 않은 채 초등 입학에 앞서 학습 준비에 집중하거나 또는 단순 일회성 이벤트로 이음교육을 진행하는 경우가 많았습니다. 우리는 유아와 초등학생 모두에게 공통적으로 필요한 교육이 지속적으로 이루어질 때 교육 효과가 가장 좋다고 믿었습니다. 이를 위해 유치원과 초등학교의 교육과정을 조밀하게 연계하고, 각 학교급 아이들 모두가 쉽고 재미있게 참여할 수 있는 활동이 필요하다고 판단했습니다.

이 책은 유아들에게 필요한 '기본 생활 습관', '인지 발달', '인성 교육', '창의성 및 문제 해결력'을 큰 주제로 하여, 유치원과 초등학교의 상호 교육과정을 연계해 다양한 활동을 구성하였습니다. 또 '유·초 이음교육 TIP'을 통해 해당 활동이 초등학교에서 어떻게 더 확장되고 심화되는지 들여다 보았습니다.

이 책의 가장 큰 특징이 있습니다. 유·초 이음교육의 편견 중 하나는 유아와 초등학생이 '만나서' 활동해야 한다는 것입니다. 이런 이유로 실제 운영에 어려움을 겪는 경우가 많습니다. 그래서 우리는 유아와 초등학생이 만나서 함께 활동해야 한다는 고정관념에서 벗어나, '따로' 할 수 있는 활동과 '또 같이' 할 수 있는 활동을 구분해 기관별 상황에 맞추어 운영할 수 있게 하였습니다. 무엇보다 현장에서 쉽게 활용할 수 있는 내용들로, 실천에도 큰 도움이 되리라 믿습니다.

교육의 목적이 아이들의 몸과 마음이 건강하게 성장하도록 돕는 데 있다는 점에는 모든 교사가 동의합니다.

하지만 유치원 교사와 초등학교 교사가 모여 함께 책을 집필하며 서로의 교육과정을 들여다보니, 교육과정은 물론이고 아이들을 바라보는 관점과 놀이를 바라보는 시선, 교육 목표와 방법 등에서 많은 것이 달랐습니다. 이런 차이를 극복하고 연계점을 찾아 좋은 교육의 방향성을 모색하는 데 꽤 시간이 걸렸습니다.

유·초 이음교육에서 가장 중요한 것은 교사들 간의 지속적인 소통과 상호 교육과정에 대한 이해와 존중입니다. 유치원 누리과정과 초등학교 교육과정 모두에 관심을 두고 소통하며 이해와 존중을 지켜 나갈 때 유·초 이음교육이 원활히 운영되고, 유·초 이음교육을 경험한 유아와 초등학생 모두의 성장을 기대할 수 있습니다.

유·초 이음교육에 대한 교육적 고민을 바탕으로 현직 교사들의 생동감 있는 활동 사례와 다양한 팁을 담으려 노력했습니다. 책을 펼친 선생님들과 유·초 이음교육에 관심을 가지고 운영하고자 하는 모든 분에게 이 책이 도움이 되고, 유·초 이음교육이 한 걸음 더 성장하는 데 발판이 되기를 바랍니다.

현장에서 유·초 이음교육을 고민하고 실천하는 저자 일동

추천사

교육의 목적은 아이들의 전인적 성장을 이루는 데 있습니다. 이는 다양한 경험의 축적을 통해 실현되며, 경험을 축적하는 과정이 바로 삶입니다. 이러한 경험을 설계하고 실행하는 것이 교육이자 학습입니다. 교사와 부모는 어떻게 하면 아이들의 삶과 연결된 각각의 경험이 분절되지 않고 자연스럽게 다음 성장 단계로 나아가 의미 있게 연결될 수 있을지를 늘 고민합니다.

이 책은 유치원의 누리과정에서 겪게 되는 경험들이 초등학교 교육과정에서 어떻게 연결되고 확장되는지를 현장 교사들의 치열한 교육적 고민과 실천을 통해 생생하게 보여 줍니다. 유·초 학교급 간 서로 다른 교육과정 연결이라는 전문적인 내용을 다루면서도, 교사들에게는 수업 설계에 쉽게 활용할 수 있는 상상력과 아이디어를 제공하고, 부모들에게는 자녀 교육을 위한 작은 실천을 하나씩 해 보는 용기를 줍니다.

또한 이 책은 교육의 주요 목표인 '성장'의 여러 측면을 조명하며, 아이들의 잠재력을 최대로 끌어내는 방법을 안내합니다. 책에 제시된 다양한 활동들은 유·초 이음교육을 시작하는 선생님들께는 첫 단추가 될 것이며, 더 나은 유·초 이음교육을 모색하는 선생님들께는 디딤돌이 되어 줄 것입니다. 이 같은 선생님들의 노력은 우리 아이들이 더 나은 미래를 준비하는 데 필요한 탄탄한 기초를 제공할 것임이 분명합니다.

이 책이 학교 현장과 가정에서 아이들의 성장 과정에 마주치게 되는 많은 물음표들을 '아하, 이런 거였구나!', '이렇게 하면 되겠구나!' 하는 느낌표로 바꾸어 주리라 확신합니다.

마장초등학교 교장 김근호

현재 유아교육과 초등교육 간 연계를 위해 교육부와 시도교육청에서는 다양한 정책과 사업을 운영하고 있습니다. 유·초 연계 이음교육을 통해 놀이 중심 언어 교육, 초등 1학년 통합 교과 연계 등 초등학교 적응 지원을 강조하고 있습니다. 또한 교육부는 2022년부터 시작한 유·초 연계 이음교육 시범 사업 이후 해마다 운영 수를 확대하고 있고, 2026년에는 유·초 연계 이음교육 전면 실시라는 계획을 세우고 있습니다.

이렇게 중요한 때에 현직 유치원과 초등학교 선생님들이 뜻을 모아 유·초 연계 이음교육을 함께 고민하였습니다. 그리고 양쪽 모두에 도움이 되기를 바라며, 유치원과 초등학교 상호 교육과정을 연계한 다양한 활동과 팁을 담아 책을 펴냈습니다. 무엇보다 유치원과 초등학교가 서로 교류하기 어려운 상황이 있음을 고려하여 '따로' 와 '또 같이'로 활동을 설계한 것이 눈에 띕니다. 현직 교사이기에 교육 현장의 제일 큰 고민을 잘 알고 해결책을 제시한 것이지요.

유·초 연계 이음교육이 중요하다는 건 알지만 어떻게 시작해야 할지 몰라서 고민하는 선생님, 유치원과 초등학교 일대일 매칭이 어려워 이음교육을 포기한 선생님, 유·초 연계 이음교육을 함께하고 싶은 선생님들에게는 반갑고 고마운 활용서가 되리라 생각됩니다. 현장에서 유·초 이음교육의 방향성을 잡고 꾸준히 운영하는 데 이 책이 많은 도움을 줄 것이라 기대합니다.

앞으로도 유치원과 초등학교의 연속적이고 유기적인 교육을 위해 열심히 고민하고 꾸준히 실천하면서 이음교육의 미래를 활짝 열어 가 주시기를 저자들께 당부드립니다.

경상남도교육청 유아특수교육과 장학사 황영옥

차례

1부 함께 성장하는 유·초 이음교육 이해

2부 스스로 할 수 있어요

손 씻기, 배변 활동, 식사 예절, 젓가락 사용, 줄 서기, 정리 정돈, 양치 같은 일상생활을 다룹니다.
아이들이 일상생활을 자신감 있게 해낼 수 있도록 돕는 다양한 놀이와 활동을 소개합니다.

3부 배움이 커 가요

의사소통의 기본이 되는 듣기와 말하기부터, 말놀이, 숫자 인식과 도형, 비교하기와 규칙성까지, 문해력과 수리력 발달을 돕는 재미있는 활동을 담았습니다.

4부 마음이 자라요

자기 인식, 감정, 나눔, 협동, 감사 등 사회관계를 돕는 활동을 소개하며, 자신을 소중히 여기고 다른 사람과 더불어 살아가는 방법을 익힐 수 있게 하였습니다.

5부　함께 해결해 나가요

민주 시민 교육, 환경, 유기 동물, 창의력, 시설 적응력 등 다양한 사회적 문제 상황을 제시하고, 창의적이고 논리적인 사고를 통해 해결해 보는 경험들을 담았습니다.

6부　유치원─초등학교 1학년 교육과정 잇기

1부

함께 성장하는
유·초 이음교육 이해

1. 유·초 이음교육이 무엇인가요?

유아에게 초등학교 입학은 큰 변화이자 도전입니다. 새로운 환경과 규칙, 학습 내용에 적응해야 하는 중요한 성장의 순간입니다. 이 시기에는 유치원과 초등학교 간의 교육과정이 자연스럽게 이어지게 해 유아들이 혼란을 겪지 않고 배움에 몰입할 수 있도록 도와야 합니다. 이런 역할을 하는 것이 유·초 이음교육입니다.

'이음'이란 말을 국어사전에서 찾아보면 '이어서 합하는 일 또는 그 부분'이라고 설명합니다. '유·초 이음교육'이라는 용어가 사용되기 전에는 '적응 교육', '전이 교육', '연계 교육' 등으로 불리었습니다. 적응 교육은 유아가 새로운 교육 환경에 익숙해지는 것이고, 전이 교육은 학교급별로 경험하는 교육과정에 차이가 있다는 것이며, 연계 교육은 교육과정이 단절되거나 중복되지 않도록 하는 것을 의미합니다. 이런 성공적인 적응, 원활한 전이, 체계적인 연계는 학교나 어른의 관점에서 '유아를 준비' 시키거나 '유아에게 알맞은 환경을 만들어 주는 것'에 한정될 수 있습니다.

유·초 이음교육은 유아가 건강하게 성장하고 발달하도록 돕는 것을 목표로, 이전의 경험들이 연령과 기관에 의해 단절되지 않고 지속적으로 발전할 수 있도록 교육 공동체가 협력적인 관계를 유지하고 실천하는 교육을 말합니다. 이를 위해서는 유아의 관점에서 그들의 목소리를 경청하고, 유아가 주체적으로 경험하는 방향으로 나아가야 합니다.

2. 유치원과 초등학교를 연결해요

놀이하며 배우고 성장하는 유치원

'2019 개정 누리과정'은 교육 목적을 '유아가 놀이를 통해 심신의 건강과 조화로운 발달을 이루고 바른 인성과 민주 시민의 기초를 형성하는 데에 있다.'고 명시하고 있습니다. 유아에게 놀이는 배움이자 삶 그 자체입니다. 놀이를 통해 자신에게 적합한 방식으로 움직이고 상상하며, 누리과정의 5개 영역(신체 운동·건강, 의사소통, 사회관계, 예술 경험, 자연 탐구)을 일상적으로 경험하며 성장해 나갑니다.

유치원 교육과정은 국가 수준 교육과정의 최소 기준을 제시한 교육과정 대강화 경향을 반영하여 교사의 자율성과 다양성을 강조합니다. 유아의 놀이는 예측하기 어렵고 상황에 따라 다양하게 일어나기 때문에 교사의 교육적 판단이 중요합니다. 유아의 생활과 경험, 흥미와 관심을 반영하여 교사가 자율성을 가지고 교육과정을 운영하며, 유아가 자신에게 적합한 방법으로 놀이하며 배운다는 가치를 믿고 유아가 중심이 되고 놀이가 살아나는 교육과정을 실천해 나갑니다.

교사는 유아의 놀이를 면밀히 관찰하고 그들의 필요와 관심을 파악하여 적절한 자원을 제공하며, 유아 스스로 문제를 해결할 수 있도록 격려합니다. 또한 교사는 놀이 환경을 유아에게 맞추어 조정함으로써 유아가 다양한 활동을 시도하고 새로운 도전을 통해 성장할 수 있는 기회를 마련합니다.

'2019 개정 누리과정' 편성·운영
- 1일 4~5시간 기준 편성
- 누리과정을 바탕으로 각 기관의 실정에 적합한 계획 수립 및 운영
- 사전 계획의 최소화. 유아의 관심과 흥미에 맞지 않는다면 이를 지속하기보다 유아의 관심 주제나
  놀이 중심으로 운영
- 하루 일과에서 바깥 놀이를 포함하여 유아의 놀이가 충분히 이루어지도록 편성·운영

역량 중심의 학습자 주도성을 발휘하는 초등학교

초등 교육과정은 미래 사회가 요구하는 핵심 역량을 함양하여 포용성과 창의성을 갖춘 주도적인 사람으로 성장시키는 데 중점을 둡니다. 그래서 학생들이 일상생활과 학습에 필요한 기본적인 습관을 형성하고, 기초 능력을 쌓으며, 바람직한 인성을 기르는 것이 교육 목표입니다. 이를 위해 각 교과의 기초적이고 기본적인 요소들이 체계적으로 학습될 수 있도록 교육과정을 세심하게 편성하고 운영합니다.

수업 지도 내용의 순서와 비중, 교수·학습 방법, 평가는 학생이 성취해야 할 교육 목표와 성취 기준을 중심으로 정합니다. 또한 교사는 학생의 흥미와 관심, 발달 수준에 맞추어 학습 내용의 순서와 교수·학습 방법을 학생들과 함께 재구성할 수 있습니다.

'2022 개정 교육과정'은 국가 교육과정의 큰 틀 안에서 학교 교육과정의 자율성을 강화하도록 하며, 교사의 전문성과 자율성을 한층 강조합니다. 이를 통해 학생들은 서로 존중하고 협력하는 공동체 의식을 기반으로, 과제를 수행하고 문제를 해결하는 학습자 주도성을 발휘할 수 있습니다.

'2022 개정 교육과정' 편성·운영
- 1시간의 수업은 40분이 원칙이나, 탄력적으로 편성·운영 가능
- 1학년 학생의 입학 초기 적응 프로그램을 진로 연계 교육으로 운영
- 과목별 내용 체계, 성취 기준을 바탕으로 교육과정 편성(재구성 운영 가능)

서로의 교육과정을 존중하는 유·초 이음교육

유·초 이음교육이 연계성을 갖기 위해서는 무엇보다 유치원과 초등학교 교사의 상호 교육과정에 대한 이해가 필요합니다. 간혹 유·초 이음교육을 실행하기 위해 새로운 교육과정을 개발해야 하는 게 아닌지 오해하는 경우가 있습니다. 유·초 이음교육의 첫걸음은 상호 교육과정을 존중하고 이해하는 자세에서 출발합니다. 그러기 위해서는 유치원 교사는 초등학교 교육과정을, 초등학교 교사는 유치원 교육과정을 깊게 살펴보며 연결 고리를 하나씩 찾아, 이를 유아의 놀이와 초등 배움 과정에서 다루며 자연스럽게 연계시켜야 합니다.

"0~2세 보육 과정 및 초등학교 교육과정과의 연계성을 고려하여 구성한다."
출처_『2019 개정 누리과정 해설서』 제2부 Ⅱ.누리과정의 구성 방향 '3.구성의 중점'에서

누리과정 '구성의 중점'에 제시된 것처럼, 초등학교 교육과정과의 연계성을 고려하기 위해 성격, 인간상, 구성 중점, 목표, 편제 등을 비교해 볼 수 있습니다.

조금 더 심층적으로 살펴본다면 누리과정 영역과 초등 교육과정 교과의 연계성을 살펴볼 수 있습니다. 더 나아가 계속성과 계열성 있는 유·초 이음교육 재구성을 위해서는 개정 누리과정의 영역별 내용과 초등학교 교육과정의 성취 기준을 분석하는 것이 필요

합니다. 이를 통해 연계성 및 각 교육과정의 수준과 범위를 파악할 수 있으며, 유·초 이음 교육과정을 유치원 단독 또는 유·초 통합 수업 형태로 기관별 상황에 맞춰 운영할 수 있습니다.

개정 누리과정 영역	초등학교 1~2학년 교과				
	국어	수학	바른 생활	슬기로운 생활	즐거운 생활
신체 운동·건강			○	○	○
의사소통	○				
사회관계			○	○	○
예술 경험					○
자연 탐구		○		○	

<개정 누리과정 영역과 초등학교 1~2학년 교과의 연계>

개정 누리과정 '의사소통' 영역		초등학교 국어(1~2학년군)	
내용 범주	내용	영역	내용 성취 기준
듣기와 말하기	말이나 이야기를 관심 있게 듣는다.	듣기와 말하기	[2국01-01] 중요한 내용이나 일이 일어난 순서를 고려하며 듣고 말한다.
	자신의 경험, 느낌, 생각을 말한다.		[2국01-02] 바르고 고운 말로 서로의 감정을 나누며 듣고 말한다.
	상황에 적절한 단어를 사용하여 말한다.		[2국01-03] 상대의 말을 집중하여 듣고 말 차례를 지키며 대화한다.
	상대방이 하는 이야기를 듣고 관련해서 말한다.		[2국01-04] 자신의 경험이나 생각을 바른 자세로 발표한다.
	바른 태도로 듣고 말한다.		[2국01-05] 듣기와 말하기에 관심과 흥미를 가진다.
	고운 말을 사용한다.		

<개정 누리과정 의사소통 영역(내용 범주-듣기와 말하기)과 초등 국어 1~2학년군 성취 기준 비교>

3. 유·초 이음교육, 이렇게 할 수 있어요

유·초 이음교육의 운영 사례를 가장 잘 보여 줄 방법을 고민한 끝에, 이 책을 아래와 같이 구성하였습니다. 먼저, 이 책은 현장에서 실효성 있는 유·초 이음교육을 실행하기 위해 유아기에 함양할 수 있는 주제와 초등 교육과정에서 제시한 핵심 역량 간의 연계성을 고려하여, 전체 내용을 4개 영역으로 구분하고 각 영역별로 하위 주제를 선정하였습니다.

영역	하위 주제
스스로 할 수 있어요 (신체 운동, 자조 기술)	일상생활과 학습에 필요한 기본 습관 및 기초 능력을 길러 줄 수 있는 정리 정돈, 화장실 사용, 손 씻기, 공공질서, 시간 관리 등 8가지 주제로 구성
배움이 커 가요 (기초 학습 태도)	의사소통, 문해력과 수리력을 포함한 기초 학습력을 함양할 수 있는 경청, 발표, 규칙성, 비교 등 9가지 주제로 구성
마음이 자라요 (사회 정서)	자신과 타인의 정서 인식을 통해 또래와 관계를 형성하고 유지하며, 사회 정서 역량을 키울 수 있는 자기 인식, 감정, 관계 기술 등 9가지 주제로 구성
함께 해결해 나가요 (정보, 창의성, 문제 해결)	정보를 통해 규칙에 적응력을 키우고, 창의적이고 통합적인 방법으로 문제를 해결해 볼 수 있는 민주 시민교육, 유기 동물, 자연, 시설 적응력 등 9가지 주제로 구성

또한 각각의 하위 주제는 구체적인 내용을 다루기에 앞서 독자가 활동의 방향을 이해할 수 있도록 하였습니다. 먼저 주제 선정 이유를 다루고, 활동 내용을 쉽게 파악할 수 있게 해시 태그를 붙여 키워드를 제시하였습니다. 이어서 본 활동 내용에 해당하는 유치원

교육과정 영역과 내용 범주를 초등학교 성취 기준과 연계하며 연결 고리를 밝혔습니다.

활동은 [따로], [또 같이]라는 접근 방식을 적용하여 설계하였습니다.

[따로]는 유·초가 같은 활동을 하지만, 함께 만나서 진행하지 않아도 되는 활동입니다. 유치원과 초등학교가 서로 교류하기 어려운 상황을 고려하였으며, 교육과정의 연계성을 분석하여 설계한 내용이므로 단독으로 활동해도 이음교육을 진행할 수 있습니다.

[또 같이]는 유·초가 함께 만나서 같은 활동에 참여하는 것으로, 기관이 멀어 만나기 어려우면 비대면 활동으로 진행하는 경우도 포함하였습니다. 이는 유아와 초등학생이 협동할 기회를 제공합니다. 공동의 목표를 이루어 가기 위한 의견 교환, 역할 분담 등을 경험하고 상호 긍정적인 관계를 형성하는 활동입니다. 이 같은 접근 방식은 유치원과 초등학교의 경험을 독립적으로 제공하면서도 자연스럽게 연결하여 교류하고 통합하게 합니다.

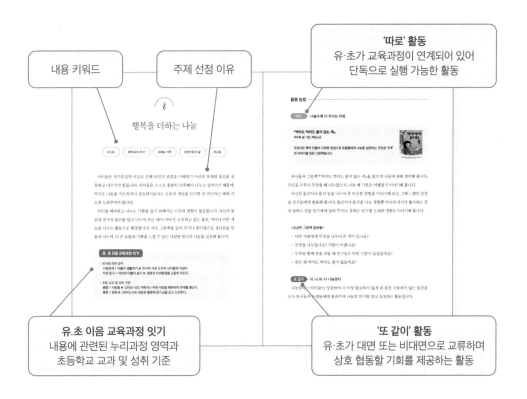

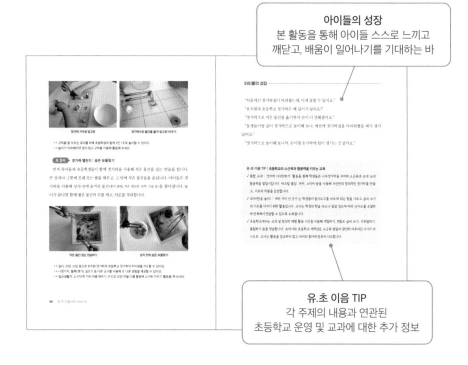

아이들의 성장
본 활동을 통해 아이들 스스로 느끼고 깨닫고, 배움이 일어나기를 기대하는 바

유.초 이음 TIP
각 주제의 내용과 연관된 초등학교 운영 및 교과에 대한 추가 정보

'아이들의 성장'은 주제별 활동을 통해 아이들이 스스로 느끼고 깨닫고 배움이 일어났으면 하고 기대하는 바를 대화 형식으로 제시합니다.

마지막으로 '유·초 이음 TIP'에서는 각 주제의 내용과 연관된 초등학교 생활 및 교육과정 등에 관한 추가 정보를 제공합니다. 다각적이고 생생한 교육 현장의 정보는 상호 기관에 대한 이해를 도와 교육 공동체로서 이음교육을 실행하는 데 동일한 관점을 갖게 해 줄 것입니다.

4. 유·초 이음교육은 어떤 효과가 있을까요?

초등학교 입학은 유아에게 강한 긴장감을 유발하는 총체적 변화의 사건입니다. 유·초 이음교육은 이러한 학교급 전환으로 인한 변화의 시기를 유아들이 무작정 참고 견뎌야 하는 인내의 과정이 아닌 지속적으로 성장과 발달이 일어나도록 하는 경험을 제공합니다.

이러한 연계성을 고려한 유·초 이음교육을 통해 유아는 때로는 독립적으로 때로는 초등학생들과 함께 학습 공동체적 관계 속에서 서로 배우고 즐기며 학교에 대한 긍정적인 인식을 쌓아 갈 수 있습니다. 또한 유아들은 미래 초등학교 구성원으로서 학교를 방문하여 학교 시설과 지켜야 할 약속에 익숙해지는 경험을 하며 안정감을 얻습니다. 초등 교육과정과 연계된 활동을 통해 기본 생활 습관과 기초 학습 태도를 기르고, 학업 성취와 사회성 발달에도 긍정적인 효과를 기대할 수 있습니다.

초등학생은 유·초 이음교육을 통해 유아들을 학교의 새로운 구성원으로 받아들이며 자신이 형님이 되는 상황을 미리 경험하게 됩니다. 형님으로서 초등학교 생활에 관해 자신이 아는 것을 유아들에게 잘 전달하기 위해 역량을 발휘하고, 무언가를 알려 주는 경험을 통해 성취감과 자기 효능감을 높입니다. 더 나아가 유아들과 다양한 장면에서 상호 작용하면서 의사소통 기술과 협력 기술을 발달시키고, 동생의 수준을 고려해 자신의 표현과 행동을 조절하는 과정에서 타인의 감정을 이해하고 배려하는 공감 능력을 키울 수 있습니다. 이는 결국 사회적 기술을 향상시켜 자신의 또래 관계에도 긍정적인 영향을 미칩니다.

또한 연계성을 고려한 유·초 이음 교육과정 활동들을 통해 정해진 교과에만 얽매이지 않고, 익숙한 일상생활에서 새로움을 발견하고 문제를 창의적으로 해결하는 배움의 기회를 다양하게 가질 수 있습니다.

유치원 교사와 초등학교 교사는 체계가 다른 누리과정과 초등 교육과정을 운영하는 주체로서 유·초 이음교육을 위해 동일한 교육 접근을 협력적으로 만들어 가야 합니다. 하지만 이는 생각보다 쉽지 않습니다. 서로를 존중하고 인정하는 태도로 각 교육 체계의 차이점을 발견하고 공유하며, 연계성을 고려한 새로운 교육적 가치를 만들어 가야 하기 때문입니다. 이런 과정들이 충실히 실현되었을 때 교사는 자신이 운영하는 교육과정에 대해 더욱 깊은 이해와 통찰을 갖게 됩니다. 또한 연속성 있는 발달을 고려하면서 제한적인 시야에서 벗어나, 더 넓고 다각적인 관점으로 아이들을 바라볼 수 있게 됩니다.

유·초 이음교육을 통해 유아와 초등학생이 상호 협의하고 활동하는 경험은 교사로 하여금 발달 수준의 차이를 인지하게 하고, 개별 아이들에 대한 욕구도 민감하게 알아차릴 수 있게 합니다. 이에 따라 적절한 지도 방법과 비계를 설정해 교육 전문가로서 지도 역량이 향상됩니다.

학부모 입장에서도 자녀의 초등학교 입학은 막중한 책임과 긴장감으로 다가옵니다. 변화에 대한 부모들의 불안감은 대부분 아이에게 일정 시간 자리에 앉아 있는 연습을 시키거나, 한글과 수 공부 같은 선행 학습을 시키며 해소하는 양상으로 나타납니다.

하지만 유치원에서 초등학교로의 자연스러운 이음이 실행된다면 부모는 자녀의 적응

과정을 지켜보며 안심할 수 있습니다. 더불어 유치원과 초등학교 간의 교육 연계성을 확인함으로써, 자녀가 일관된 교육을 받고 있다는 확신을 갖게 되고 각 교육 체계에 대한 신뢰도가 높아집니다. 이는 학부모의 교육적 만족도를 전반적으로 높이고, 나아가 조기 사교육에 대한 인식을 개선하여 경제적 부담을 덜 수 있습니다.

2부

스스로
할 수 있어요

유치원과 초등학교라는 공동체에서 질서 있고 조화롭게 생활하려면 기본 생활 습관을 잘 길러야 합니다. '스스로 할 수 있어요'에서는 손 씻기, 배변 활동, 식사 예절, 젓가락 사용, 줄 서기, 정리 정돈, 양치 같은 일상 속 과제를 다룹니다. 아이들이 이런 과제들을 두려움 없이 자신감 있게 해낼 수 있도록 돕기 위한 다양한 놀이와 활동을 소개합니다. 스스로 할 수 있다는 믿음은 아이들의 성장을 이끄는 가장 든든한 힘이 될 것입니다.

버릴 것은 정리,
제자리에 가지런히 정돈!

(#정리와 정돈)　(#책임감)　(#정리 정돈의 이유)

　유치원에서는 놀이 후 장난감을 정리하거나 자신의 물건을 제자리에 두는 간단한 활동을 통해 아이들이 스스로 할 수 있다는 자신감을 갖게 됩니다. 초등학교에서는 교실 내 책상과 학용품을 정리하고, 과제와 자료를 체계적으로 관리하는 과정을 통해 자기 주도 학습의 기초를 다집니다.

　유·초 이음교육에서는 단순히 물건을 제자리에 두는 행동을 넘어 자신과 주변 환경을 체계적으로 관리하는 능력을 기르고, 나아가 질서와 규칙의 중요성을 배우고 문제 해결 능력과 협동심을 키워 갑니다.

유·초 이음 교육과정 잇기

| 유치원 관련 영역
　신체 운동·건강 > 건강하게 생활하기 ▶ 자신의 몸과 주변을 깨끗이 한다.
　자연 탐구 > 생활 속에서 탐구하기 ▶ 일상에서 모은 자료를 기준에 따라 분류한다.

| 초등 교과 및 성취 기준
　통합 > 학교 ▶ [2바01-01] 학교생활 습관과 학습 습관을 형성하여 안전하고 건강하게 생활한다.
　　　　　　▶ [2슬01-01] 학교 안팎의 모습과 생활을 탐색하며 안전한 학교생활을 한다.

활동 방법

따로 ▶ **발견, 정리 정돈 탐정들!**

놀잇감을 아무 바구니에 넣어 잘못 정돈하거나, 쓸 수 있는 재료를 쓰레기통에 버려 정리할 때가 많습니다. 이렇게 정돈되지 않은 교실 상태를 마주하면 교사는 "사건 발생!"을 외쳐서 유아들을 자연스럽게 놀이 상황으로 초대하고 유쾌하게 과제를 풀어 갈 수 있습니다.

유아들은 '정리 정돈 탐정'이 되어 아직 정리 정돈이 되지 않았거나 잘못 놓인 놀잇감들을 찾아봅니다. 찾았을 때는 "발견!"을 외쳐 모두에게 알립니다. 다른 탐정들과 제자리에 있어야 할 곳을 떠올려 보고 말해 봅니다. 사건이 해결되지 않은 미스테리한 놀잇감들은 한데 모아, 정리 정돈 탐정들이 머리를 맞대고 '버려서 정리할지' 또는 '어떤 영역의 놀잇감 바구니에 정돈하면 좋을지'를 함께 회의하며 길 잃은 놀잇감이 가야 할 자리를 정해 줄 수도 있습니다.

정돈되지 않은 공간을 문제 상황으로 인식하기

정리 정돈 탐정들이 문제를 발견하고 알리기

- ▸▸ 유아들을 탐정 역할에 몰입시키기 위해 돋보기와 탐정 모자 같은 소품을 제공하거나, 탐정 영화에 나오는 배경 음악을 틀어 분위기를 더욱 흥미롭게 만들 수 있어요.
- ▸▸ 물건들을 제자리에 두었을 때와 그렇지 않았을 때의 교실 사진을 비교하여 '정리 정돈이 잘 되어 있는 경우의 좋은 점'이나 '정리 정돈이 잘 되어 있지 않은 경우의 안 좋은 점'에 관해 이야기 나눌 수 있어요.

문방구 별나라의 물건 분류 대작전

『스스로 척척!』
이소을 글·그림, 상상박스

문방구 별나라가 엉망진창 별로 변해 버리자, 문방구 친구들이 함께 차곡차곡 정리하며 깨끗한 별로 되돌리기 위해 노력하는 이야기를 담은 그림책입니다.

유아들과 함께 그림책『스스로 척척!』을 읽습니다. 주인공이 문방구 별나라에서 정리 정돈의 비밀을 발견하는 장면을 강조하며, 정리 정돈의 중요성을 이야기합니다. 이야기 속에서 정리 정돈의 필요성을 함께 생각해 봅니다.

유아들을 여러 모둠으로 나누고, 책에 나온 실제 문방구 물건들을 색깔별, 모양별, 기능별로 분류하는 활동을 합니다. 색깔별 분류에서는 유아들에게 다양한 문방구 물건을 나눠 주고, 빨간색, 파란색, 노란색 등 색깔별로 바구니에 담는 활동을 합니다. 모양별 분류에서는 문방구 물건들을 둥근 모양, 각진 모양, 길쭉한 모양 등으로 나누어 봅니다. 기능별 분류에서는 문방구 물건들을 쓰기 도구(연필, 펜), 자르기 도구(가위), 붙이기 도구(풀) 등으로 나눕니다. 각 모둠은 자신들이 모은 것을 그림이나 사진으로 보여 주고, 왜 그렇게 모았는지 친구들에게 이야기합니다.

따로 ▶ 아름답게 정돈하는 방법은 없을까? 정리 정돈 아티스트

아름답고 보기 좋게 정리하는 방법을 고민하는 '정리 정돈 아티스트'가 되어 보는 활동입니다. 주변 환경이 예술 작품처럼 아름다워지려면 어떤 정리 정돈 방법이 필요할지 유아들과 생각해 봅니다. 색깔별로 분류해 보거나, 바구니에 담지 않고 가지런히 전시하듯 정돈하는 방법도 있습니다. 이렇게 틀에 갇히지 않은 예술가가 된 듯이, 정리 정돈을 할 때도 유아들의 미적 감각과 예술적 측면을 고려할 수 있습니다.

유아들이 생각한 방법으로 정리 정돈할 수 있도록 교사가 수용적인 분위기를 조성하고 격려한다면 아이들은 더욱 즐겁고 능동적으로 참여할 것입니다.

색상별로 보기 좋게 분류하기

책상 위에 가지런히 정리하기

또 같이 ▶ **정리팀과 정돈팀 총출동!**

유아와 초등학생이 협력할 수 있도록 정리팀과 정돈팀으로 나누고, 각 팀을 명찰로 구분합니다. 정리팀은 물건들을 제자리에 놓는 역할을 하고, 정돈팀은 앞서 배운 방법대로 물건들을 분류하여 배열하는 역할을 맡습니다.

활동을 시작하기 전에 각 팀은 미션 카드를 받습니다. 미션 카드에는 팀별로 수행해야 할 창의적인 정리 정돈 과제가 적혀 있습니다. 예를 들어, '책을 색깔별로 정리하기', '장난감을 크기별로 배열하기', '미술 도구를 종류별로 정리하기' 등입니다. 미션 카드에 따라 팀원끼리 협력하여 정리와 정돈을 수행합니다. 정돈팀은 정리팀이 놓은 물건들을 새로운 방식으로 배열해 보고, 창의적인 아이디어를 제시합니다.

정리 정돈 미션 카드

정리 방법을 보고 미션 카드 수행하기

▶▶ 정리 정돈 활동을 할 때 타이머를 사용하면 초 단위로 줄어드는 시간의 흐름을 직관적으로 확인할 수 있어, 정해진 시간 안에 해야 할 일을 마치는 습관을 기를 수 있어요. 동요를 활용해 3~4분의 시간 흐름을 직접 체감해 보는 것도 좋아요.

또 같이 ▶ 헤아려 보아요, 길 잃은 물건들의 마음

어지러운 교실 공간을 보여 주고, 아이들에게 물건들의 감정을 상상하게 합니다. 유아와 초등학생이 짝을 이루어 "연필이 바닥에 떨어져 있을 때 어떤 기분일까요?" 같은 질문을 통해 물건들의 감정을 이야기합니다. 유아가 상상한 감정을 초등학생이 도와 구체화합니다. 그런 다음, 짝을 이룬 아이들은 물건들의 감정을 그림으로 표현합니다. 유아가 아이디어를 내고, 초등학생이 그림을 그리거나 글을 적으며 협력합니다. 예를 들어, 연필이 바닥에 떨어져 울고 있는 모습, 지우개가 책상 밑에서 외로워하는 모습을 표현합니다. 짝과 함께 그림이나 글을 발표하고, 다른 친구들의 표현을 보며 생각을 공유합니다.

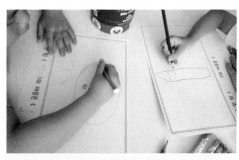

길 잃은 물건들의 마음 헤아리며 그려 보기

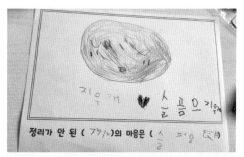

길 잃은 물건들의 마음 그림

▶▶ 유아와 초등학생이 함께하지 못할 상황이라면, 초등학생은 유아에게 정리 정돈의 중요성에 대해 편지를 써 보아요. 유아는 초등학생의 편지를 읽고, 자신의 정리 정돈 경험이나 느낀 점을 그림이나 짧은 글로 표현하여 답장을 쓸 수 있어요.

<물건들의 마음을 유추해 보는 질문 예시>

– 연필이 바닥에 떨어져서 굴러다닐 때의 마음은 어떨까요?

– 주인을 찾아 주었을 때 지우개의 마음은 어떨까요?

– 같은 가족들과 함께 있을 때 색연필은 어떤 감정일까요?

아이들의 성장

"내 물건과 유치원 물건을 소중하게 사용할 수 있을 것 같아요."

"장난감을 제자리에 두니까 다음에 찾기 쉬웠어요."

"집에서 엄마, 아빠도 제가 정리 정돈을 잘했다고 칭찬해 주셨어요."

"혼자서 할 수 있다는 자신감이 많이 생겼어요."

유·초 이음 TIP | 초등학교의 정리 정돈 교육

✓ 유치원에서는 수업에 필요한 학용품과 준비물을 공동으로 이용하였으나, 초등학교에서는 자신의 물건이나 교과서를 책상 서랍과 사물함 등 정해진 자리에 관리하고 스스로 정리하며 생활합니다.

✓ 초등학교는 교실에서 지켜야 할 정리 정돈 규칙을 정하고, 정리 정돈을 생활화하도록 '책은 책꽂이에', '연필은 필통에' 같은 규칙을 교실에 게시하기도 합니다.

✓ 통합 교과 '학교' 단원은 필통, 책가방, 책상 서랍과 주변, 사물함, 우산 정리 방법, 분리 배출 지도 방법을 알아보고, 직접 실행해 볼 기회를 제공합니다.

우리는
화장실 탐험대

(#휴지 사용법) (#배변 활동) (#화장실 탐험) (#화장실 사용 규칙) (#나만의 화장실)

초등학교 화장실은 규모가 크고 여러 개의 칸막이와 변기, 세면대가 갖춰져 있어, 유아들에게 낯설고 때로는 두려움을 유발할 수 있습니다. 따라서 화장실이라는 공간을 흥미로운 탐험의 공간, 궁금한 공간으로 인식할 수 있도록 즐거운 놀이와 활동으로 지원하면 좋습니다.

유·초 이음교육에서 유아들은 초등학교 화장실을 미리 경험함으로써, 새로운 환경에 대한 두려움을 줄이고 화장실이라는 공간에 친숙해집니다. 더 나아가 학교라는 공동체에서 함께 살아가는 능력을 기를 수 있습니다.

유·초 이음 교육과정 잇기

| 유치원 관련 영역
　신체 운동·건강 > 건강하게 생활하기 ▶ 자신의 몸과 주변을 깨끗이 한다.
　사회관계 > 더불어 생활하기 ▶ 약속과 규칙의 필요성을 알고 지킨다.

| 초등 교과 및 성취 기준
　통합 > 학교 ▶ [2바01-01] 학교생활 습관과 학습 습관을 형성하여 안전하고 건강하게 생활한다.
　　　　　　 ▶ [2슬01-01] 학교 안팎의 모습과 생활을 탐색하며 안전한 학교생활을 한다.

> **따로** ▶ 내가 생각하는 화장실

『어떤 화장실이 좋아?』
스즈키 노리타케 글·그림, 이정민 옮김, 노란우산

주인공이 여러 가지 화장실을 탐험하며, 화장실 사용에 대한 긍정적인 태도와 올바
른 사용법을 재미있게 알려 주는 그림책입니다.

그림책 『어떤 화장실이 좋아?』를 함께 읽어 봅니다. 유아들이 바라는 화장실의 환경과
조건이 무엇인지 생각해 보고 이야기 나눕니다. 다양한 화장실을 상상해 보며 화장실에
대한 긍정적인 인식과 태도를 형성할 수 있습니다.

<궁금한 그림책 질문들>

– 이 화장실은 어떤 점이 좋을까요?

– 이 화장실은 어떤 점이 불편할까요?

– 어떤 화장실이 가장 마음에 드나요?

– 내가 원하는 화장실은 어떤 모습인가요?

> **따로** ▶ 무엇으로든 변신해요! 마술 휴지 놀이

두루마리 휴지를 보며 연상되거나 떠오르는 것을 자유롭게 이야기해 봅니다. 10칸으
로 길쭉하게 뜯어 목에 두르면 스카프, 6칸으로 뜯어 머리에 두르면 왕관, 4칸으로 짧게
뜯어 팔찌처럼 표현할 수도 있습니다. 온몸에 휴지를 감싼 뒤 무서운 미라 놀이를 즐겨
볼 수도 있습니다.

이렇듯 자유롭게 상상하며 휴지로 놀이하는 과정에서 자연스럽게 유아들은 휴지를 칸에 맞춰 뜯는 조절력을 키울 수 있습니다. 또한 화장실에서 마주하는 휴지에 대한 두려움과 낯선 마음보다는 친숙함을 가지고 휴지를 바르게 사용하는 태도를 기를 수 있습니다.

10칸 휴지로 만든 머리띠

마술 휴지로 미라 놀이하기

또 같이 ▶ 우리는 화장실 탐험대장!

1학년 학생들이 화장실 탐험대장 역할을 하며 유아들과 화장실을 탐험합니다. 유아는 유치원과 초등학교 화장실의 차이점을 발견해 봅니다. 또한 탐험대장이 설명하는 손 씻는 법, 변기 사용법 등을 관찰하며 올바른 사용법을 익힙니다. 활동을 마친 뒤 탐험대장은 유아들에게 '명예 화장실 탐험 대원' 인증 배지를 수여합니다.

명예 화장실 탐험 대원 인증 배지

인증 배지 디자인

▶▶ 인근 초등학교 방문이 어렵다면 초등학교 화장실 사진 자료를 교실에 전시하거나, 큰 상자나 칸막이를 이용해 모형 화장실을 꾸며 볼 수 있어요.

▶▶ 유치원과 초등학교의 화장실 차이와 함께 위생적인 화장실 사용 방법(휴지 사용, 옷 입고 벗기)도 함께 지도할 수 있어요.

▶▶ 화장실 탐험 놀이가 끝나면 교실로 돌아와 '화장실 규칙 안내판'을 그림과 문구로 표현하여 유치원 화장실 곳곳에 부착해 볼 수 있어요.

아이들의 성장

"이제 초등학교 화장실에서도 혼자서 잘할 수 있어요."

"휴지를 마구마구 구기지 않고 접어서 쓸 거예요."

"화장실 문을 잠그고 사용하는 방법을 알게 되었어요."

"화장실은 다 같이 쓰는 곳이라고 알려 주고 싶어요."

"유치원 동생들한테 초등학교 화장실 규칙을 알려 주고 싶어요."

유·초 이음 TIP | 초등학교의 화장실 이용 교육

✓ 화장실에서 비누로 손을 씻을 때의 시간을 노래로 지도하기도 합니다. '생일 축하합니다' 노래를 두 번 부르면서(20초) 손 씻는 방법과 시간을 지도합니다.

✓ 휴지통이 없는 화장실이 많아지면서 변기에 버리면 안 되는 물건에는 무엇이 있는지 지도하는 것이 필요합니다. 물티슈와 일반 휴지를 구분하는 것부터 시작합니다.

✓ 융통성 있게 운영되는 유치원 일과에 익숙한 유아는 초등학교 쉬는 시간의 화장실 사용이 낯섭니다. 이에 교사는 수업 전 미리 화장실 사용을 안내하고, 수업 중 화장실이 급한 학생을 위해 신호를 만들어 줄 수 있습니다. (예: 손들기 신호, 신호 카드 사용)

꼼짝 마!
손가락 세균

#청결   #손 씻기   #청결 습관

'손 씻기'는 다양한 질병으로부터 자신의 몸을 보호하는 기본 생활 습관일 뿐 아니라, 함께 생활하는 공동체에서 기본이 되는 공중도덕이기도 합니다. 하지만 일상을 살아가다 보면 청결 습관을 무심코 지나칠 때가 많습니다.

놀이와 활동을 포함한 유·초 이음교육을 통해 손 씻기가 왜 중요한지를 깨닫고, 유치원과 초등학교뿐 아니라 함께 생활하는 공간에서 지켜야 할 청결 습관을 실천하는 태도를 기를 수 있습니다. 또한 유아와 초등학생 모두 공동체 생활에 기본이 되는 청결 습관을 체득하여, 건강한 생활 습관을 형성하고 학교생활에 더욱 잘 적응할 수 있습니다.

유·초 이음 교육과정 잇기

| 유치원 관련 영역
   신체 운동·건강 > 건강하게 생활하기 ▶ 질병을 예방하는 방법을 알고 실천한다.
   사회관계 > 더불어 생활하기 ▶ 약속과 규칙의 필요성을 알고 지킨다.
   자연 탐구 > 탐구 과정 즐기기 ▶ 궁금한 것을 탐구하는 과정에 즐겁게 참여한다.

| 초등 교과 및 성취 기준
   통합 > 학교 ▶ [2바01-01] 학교생활 습관과 학습 습관을 형성하여 안전하고 건강하게 생활한다.
         ▶ [2즐01-01] 즐겁게 놀이하며, 건강하고 안전하게 생활한다.

또 같이 손을 왜 씻어야 해? 세균 가루로 알아보자!

유아들과 초등학생들로 팀을 구성하고, 밀가루를 '세균 가루'로 사용해 세균이 퍼지는 과정을 시각적으로 보여 줍니다. 아이들은 밀가루를 묻힌 손으로 검은 종이나 장난감을 만져 보며 세균이 얼마나 쉽게 퍼지는지 확인합니다.

교사는 세균은 눈에 보이지 않지만 손에 있을 수 있다고 설명합니다. 이 세균이 기관지나 피부 등으로 침투하면 각종 질병에 노출될 수 있으며, 손 씻기 활동을 통해 미리 예방할 수 있음을 안내합니다. 아이들은 밀가루를 세균 가루로 활용한 활동을 통해 세균이 곳곳에 퍼질 수 있다는 사실을 더욱 직관적으로 이해할 수 있습니다.

'세균 가루' 밀가루 묻히기

밀가루를 묻힌 손으로 검은 종이나 장난감 만져 보기

따로 얼마나 오래 씻어야 할까? 색깔 로션 실험

바닥에 비닐을 깔고 로션을 바른 뒤 로션에 여러 색의 물감을 짜 손으로 섞으며 즐겁게 촉감 놀이를 해 봅니다. 이후 활동을 마무리할 때 손을 바로 씻지 않고 팀을 나누어 '색깔 로션 실험'을 해 봅니다. 몇 초를 씻어야 깨끗하게 닦일지 고민해 보며, '5초 팀', '10초 팀', '30초 팀' 등 유아들의 생각대로 세 팀을 나누고 타이머를 재며 각각 손을 씻어 봅니다. 이후 자리에 돌아와 팀별로 손을 펼쳐 보며 색깔 로션이 얼마나 닦였는지 직접 비

교하고 소감을 나누어 봅니다.

이후 제대로 손을 씻는 방법에 관한 영상을 시청한 뒤, 각자 화장실에 가서 올바른 방법으로 손 씻기를 실천해 보며 활동을 마무리합니다.

색깔 로션 실험

올바른 방법으로 손 씻기 실천하기

▶▶ 활동 전후로 '아기상어와 6단계 손 씻기' 노래 또는 '손 씻기 댄스'를 활용하여 손 씻기 6단계에 관해 재미있게 알아보아요.

▶▶ '함께하는 1830 손 씻기(1→하루, 8→8번, 30→한 번 씻을 때 30초 동안)' 노래를 배우며 손 씻기 순서와 함께 횟수와 시간의 중요성도 배울 수 있어요.

따로 꼭꼭 숨겨라, 우리 집 손 씻기 준비물

손 씻기의 중요성을 알게 된 아이들이 유치원과 초등학교뿐 아니라 가정에서도 손 씻기를 실천할 수 있도록, 가정에 교육 통신문을 배부합니다.

가정에서는 통신문을 참고해 자녀와 함께 보물찾기 놀이를 진행해 봅니다. 손 씻기에 필요한 수건, 거품 비누나 비누, 30초 시간을 상징하는 시계, 물을 상징하는 물통 등을 집안 곳곳에 숨겨 두고 정해진 시간 동안 자녀가 손 씻기 준비물들을 찾아내도록 합니다. 꼭꼭 숨은 손 씻기 준비물을 다 찾고 활동이 끝나면 인증 사진을 찍어 교사에게 공유하도록 안내합니다. 아이들은 이 인증 사진을 교실에서 함께 보면서 가정에서 부모님과 함께했던 '꼭꼭 숨겨라, 우리 집 손 씻기 준비물' 활동을 떠올리며 간단하게 소감을 이야기합니다.

손 씻기 실천 가정 통신문

가정에서 보내 준 활동 인증 사진

아이들의 성장

"손 씻기 노래 부르면서 손 씻으니까 춤추는 것 같이 재밌어요."

"세균이 보이지 않아도 손에 있다는 걸 알게 됐어요."

"밀가루가 손에 묻어서 세균처럼 보였을 때 깜짝 놀랐어요."

"세균이 쉽게 퍼진다는 걸 알고 나니까 손을 더 자주 씻고 싶어졌어요."

"앞으로 집에서도 손을 깨끗하게 씻을래요."

유·초 이음 TIP | 초등학교의 손 씻기 교육

✓ 통합 교과 '학교' 단원에서는 손 씻기 방법을 화장실 사용, 급식실 사용과 함께 지도합니다.

✓ 초등학교에서는 손 씻기의 바른 방법을 아는 것뿐 아니라 실천의 중요성을 강조하고, 학생들과 함께 화장실로 이동하여 학교에서 실제로 연습해 보는 활동을 합니다.

✓ 손을 통한 세균 감염은 매우 빈번하게 일어나므로 교사는 아이들이 손 씻기의 중요성을 알도록 구체적인 손 씻기 상황을 제시합니다.

나와 친구,
모두를 지키는 공공질서

(#우측통행) (#질서) (#공공장소) (#복도 통행)

공동생활에는 반드시 질서가 있어야 합니다. 질서는 바람직한 인성을 위해 길러야 하는 덕목이기도 하지만, 자신과 다른 사람의 안전을 위해 지켜야 하는 약속이기도 합니다. 그중에서도 줄 서기와 복도 통행은 학교생활에서 질서를 배우는 첫걸음입니다. 유아와 초등학생이 주로 생활하는 교실, 복도, 계단에서 처음으로 접하는 규칙들은 단순한 행동 지침을 넘어, 사회적 질서를 이해하고 실천하는 중요한 교육 요소입니다.

유·초 이음교육을 통해 유치원과 초등학교에서 지켜야 하는 기본 공공질서를 놀이로 체득하고, 나아가 공공질서를 지키는 민주 시민으로 자랄 수 있습니다.

유·초 이음 교육과정 잇기

| 유치원 관련 영역
  신체 운동·건강 > 안전하게 생활하기 ▶ 일상에서 안전하게 놀이하고 생활한다.
  사회관계 > 더불어 생활하기 ▶ 약속과 규칙의 필요성을 알고 지킨다.

| 초등 교과 및 성취 기준
  통합 > 학교 ▶ [2바01-01] 학교생활 습관과 학습 습관을 형성하여 안전하고 건강하게 생활한다.
       ▶ [2슬01-01] 학교 안팎의 모습과 생활을 탐색하며 안전한 학교생활을 한다.
       ▶ [2즐01-01] 즐겁게 놀이하며, 건강하고 안전하게 생활한다.

활동 방법

따로 **그림책 징검다리로 퐁당퐁당!**

유아들과 원마커 교구를 활용하여 줄을 서서 이동하는 활동을 할 수 있습니다. 유아들이 징검다리처럼 스스로 길을 만들어 보고 한 줄로 서서 이동하며 걷고, 새로운 길을 놓아 보는 놀이를 반복하고 확장합니다. 꼭 원마커 교구가 아니어도 됩니다. 유아들이 실생활에서 친숙하게 볼 수 있는 그림책으로도 징검다리를 만들어 볼 수 있습니다.

이때 교사가 "한 줄로 걷는 모습을 보니 기차 같아!", "한 줄로 걸어 보니 아무리 사람이 많아도 다치거나 부딪히지 않네." 같은 언어적 지원을 풍부하게 해 주면, 유아들은 한 줄로 서서 이동하는 것에 대한 필요성을 자연스럽게 체득할 수 있습니다.

그림책 징검다리

원마커 징검다리를 퐁당퐁당 걷기

▶▶ 책을 발로 밟거나 바닥에 맘껏 펼치며 하는 놀이이므로 헌책을 활용해 주세요.

따로 **걷다 걷다 Song**

질서 있게 생활해야 하는 교실 혹은 복도 같은 공용 공간, 현장 체험 학습 같은 상황 등 일상 속 어디에서든 활용이 가능한 노래를 활용합니다. 줄이 흐트러졌을 때나 한 줄로 서는 것을 어려워할 때, '동물 흉내(오리는 꽉꽉)' 동요를 개사한 '걷다 걷다 Song'을 활용하여 바른 줄 서기에 대한 유아들의 관심과 흥미를 불러일으킬 수 있습니다.

처음에는 교사가 줄 앞에서 유아들을 보며 노래를 부릅니다. 이후에는 적극적으로 안전하게 참여하는 유아를 선두로 하여 친구들에게 노래를 불러 주며 질서 있게 한 줄로 이동합니다. 복도나 건물 안에서는 '걷다 걷다 Song'의 가사 일부를 개사하여, 더욱더 안전하게 지원합니다. 예를 들면 원래 가사 중 '달리고 달리고' 부분을 '느리게 느리게' 등으로 바꾸어 볼 수 있습니다.

교사가 주도하는 '걷다 걷다 Song'

복도나 건물에서 하는 '걷다 걷다 Song'

▶▶ 원곡 '동물 흉내(오리는 꽉꽉)' 멜로디에 맞추어 '걷다 걷다 Song'을 부를 수 있어요.
걷다 걷다 / 걷다 걷다 / 폴짝 뛰어라! (폴짝) / 폴짝 뛰어라! (폴짝)
달리고 달리고 / 달리고 달리고 / 그대로 멈춰라! (얼음) / 그대로 멈춰라! (얼음)

(따로)▶ **우측통행 패션쇼**

유아들과 함께 유치원 각 공간에서의 이동 규칙을 이야기합니다. 예를 들어 교실에서는 천천히 걸어야 하고 친구들과 부딪히지 않도록 조심해야 합니다. 복도에서는 오른쪽으로 걸으며 친구들이 지나갈 수 있도록 길을 비워 줍니다. 계단에서는 한 칸씩 조심해서 걸으며 손잡이를 꼭 잡아야 합니다. 바깥 놀이터에서는 뛰어도 되지만, 앞을 보고 달리며 친구들과 부딪히지 않도록 주의합니다.

패션쇼에 앞서 복도와 계단에 우측통행 경로를 표시하기 위해 오른쪽 방향은 파란색 테이프와 화살표를, 왼쪽 방향은 빨간색 테이프와 화살표를 붙입니다. 유아들에게 오른손에는 파란색 스티커, 왼손에는 빨간색 스티커를 붙여 줍니다. 음악을 틀어 패션쇼를 시작하고, 유아들은 패션쇼 모델이 되어 손에 붙인 화살표와 같은 색깔의 화살표가 붙은 방향으로 걸어갑니다. 교사는 천천히 걷기 위한 느린 음악과 빠르게 걷기 위한 빠른 음악을 번갈아 가며 재생합니다.

패션쇼가 끝나면 포토존에서 사진을 찍습니다. 이는 유아들이 패션쇼를 통해 배운 이동 규칙을 즐겁게 기억하고, 자신이 참여한 활동에 대해 성취감을 느끼게 합니다.

화살표 스티커(팔찌 부착)   우측통행 패션쇼

▶▶ 활동이 끝난 뒤 유아들과 함께 복도 통행 안내판을 만들어요. 공간별 규칙을 적고 우측통행의 필요성을 알리는 문구를 작성하여 직접 안내판을 붙이면서, 유아들은 자신들이 만든 규칙에 자부심을 느낄 수 있어요.

또 같이 ▶ 이모티콘 복도 걷기

다양한 이모티콘이 그려진 카드를 복도의 여러 지점에 배치합니다. 이모티콘에는 웃는 얼굴, 집중하는 얼굴, 걷는 발자국, 조용한 얼굴 등 다양한 모양이 있습니다. 유아와 초등학생은 짝을 지어 각 이모티콘에 맞는 행동을 연습합니다.

이제 짝을 이룬 유아와 초등학생이 이모티콘을 따라 복도를 이동합니다. 이동 중에 초등학생은 유아가 이모티콘 의미를 잘 따를 수 있도록 옆에서 도와주고, 유아가 의미를 이해하지 못할 때는 설명해 줍니다. 또 유아가 이모티콘을 보고 잘 따라했을 때 칭찬하며 격려합니다. 이렇게 서로의 행동을 확인하고 도와주면서 자연스럽게 협동심이 형성되고, 이모티콘의 시각적 자극을 통해 질서 있는 행동을 쉽게 이해하고 실천할 수 있습니다.

한 줄 기차 이모티콘
-천천히 일정한 속도로 걸으며 이동하기

한 줄 노래 이모티콘
-노래를 부르며 자연스럽게 한 줄 서기

웃는 인사 이모티콘
-말을 하지 않고 조용히 이동하기

인사 이모티콘
-짝끼리 인사하며 이동하기

▶▶ 복도와 계단을 이용하여 이동할 때는 교실 안에서 미리 정숙과 우측통행, 바른 자세 등에 관한 약속을 충분히 확인한 뒤 교실 밖으로 나와 실습해요.

▶▶ 실제 통행을 할 때는 아이들 사이의 거리를 유지하고, 손발 등으로 상대방에게 장난하지 않도록 주의시켜요.

아이들의 성장

"한 줄로 서면 친구랑 안 부딪혀서 안전해요."

"천천히 걸으니까 더 안전한 것 같아요. 빨리 걷는 게 위험하다는 걸 배웠어요."

"동생들에게 설명하면서 저도 더 잘 이해하게 되었어요."

"동생들이 규칙을 잘 지키는 모습을 보니 저도 더 잘해야겠다고 생각했어요."

유·초 이음 TIP | 초등학교의 질서 교육(줄 서기, 복도 통행)

✓ 유치원에서는 공간을 이동하거나 복도를 통행할 때 교사가 인솔하여 다니는 경우가 많지만, 초등학교에서는 모든 상황에서 교사가 인솔하여 다니기 어렵습니다. 복도나 계단을 안전하게 통행하기 위해서는 적당한 속도로 우측통행하는 습관을 길러야 하고, 우측통행을 이해하기 위해서는 오른쪽 방향을 구분할 수 있어야 합니다.

✓ 통합 교과 '학교' 단원은 다양한 장소(화장실, 급식실, 복도, 체육관 등)에서 한 줄 서기, 두 줄 서기, 키 순서대로 서기, 번호 순서대로 서기, 체조 대형으로 서기 방법을 습관화하도록 지도하고 있습니다.

✓ 통합 교과 '학교' 단원에 나오는 '오.소.한'(오른쪽으로, 소곤소곤, 한 줄로)은 학생들이 쉽게 기억할 수 있는 실내 통행 구호입니다. '오.소.한'을 기억하며 실내 통행의 올바른 방법을 상기시키는 것도 좋습니다.(교과서에서는 계단, 교실, 복도를 사진으로 제시하여 학생이 실제로 만나는 장소를 생동감 있게 느낄 수 있도록 하였습니다.)

똑딱똑딱,
우리의 하루

#시간   #5분   #하루 일과   #시간 관리

유아들은 시간 개념을 완전히 이해하기 어려운 경우가 많지만, 일상생활 속에서 자연스럽게 시간을 경험하고 느끼고 있습니다. 시간은 누구에게나 똑같이 주어지며, 시간 활용 교육은 유아기부터 시작하는 것이 중요합니다. 유아들은 매일 규칙적으로 경험하는 일과를 통해 시간의 흐름을 익히고, 자신의 일정을 계획해 보는 기회를 가질 수 있습니다. 유아 시기부터 시간을 계획하고 실천하는 경험은 신체적, 정서적 건강뿐 아니라 자기주도적인 삶의 기초를 마련하는 데 큰 도움이 됩니다.

유·초 이음교육에서는 초등학교 하루 일과표를 통해 유치원과 초등학교의 차이를 이해하고 학교생활에 관심을 가져 보면서, 시간 관리의 중요성을 배우고 책임감을 키웁니다.

유·초 이음 교육과정 잇기

| 유치원 관련 영역
  신체 운동·건강 > 건강하게 생활하기 ▶ 하루 일과에서 적당한 휴식을 취한다.
  사회관계 > 나를 알고 존중하기 ▶ 내가 할 수 있는 것을 스스로 한다.

| 초등 교과 및 성취 기준
  통합 > 하루 ▶ [2바03-01] 하루의 가치를 느끼며 지금을 소중히 여긴다.
  　　　　▶ [2슬03-01] 하루의 변화와 사람들이 하루를 살아가는 모습을 탐색한다.

활동 방법 •

> **따로** 5분 미션

『5분만! 딱 5분만 더!』
마르타 알테스 글·그림, 노은정 옮김, 사파리

아기 여우의 하루 일과를 통해, '5분'이라는 시간의 의미는 모두 다르게 느낄 수 있다는 점, 5분 동안 많은 일을 할 수 있다는 점을 보여 주며 시간의 소중함을 알려 주는 그림책입니다.

그림책『5분만! 딱 5분만 더!』를 읽고 시간의 소중함을 알아봅니다.

교사는 유아들이 5분이라는 시간을 실제로 체감할 수 있도록 모래시계, 타이머, 시계를 준비합니다. 책을 읽은 뒤, 모래시계를 통해 5분이 어느 정도의 시간인지 느껴 보도록 합니다. 그리고 5분 동안 자신이 할 수 있는 일을 찾아보고, 5분 동안 직접 실천해 봅니다. 이때 모래시계나 타이머를 사용할 수도 있으며, 시계의 큰 바늘이 다음 숫자로 이동할 때까지를 5분으로 정해 시간의 흐름을 알 수도 있습니다. 5분 동안 각자 해 본 일과 5분이 짧았는지 길었는지에 대한 느낌을 나눕니다.

유아들은 같은 5분 동안에도 각자 다양한 일을 할 수 있고, 체감하는 시간의 길이가 다를 수 있음을 알게 됩니다. 이를 통해 시간 관리의 중요성을 깨닫게 됩니다.

<궁금한 그림책 질문들>

– 여우는 5분 동안 어떤 일을 할 수 있다고 했나요?

– 여우 아빠는 5분을 짧다고 말하고 여우는 길다고 말한 이유는 무엇일까요?

▶▶ 매일 등원 후 5분 동안 '내가 할 수 있는 일 한 가지(책 읽기, 줄넘기, 그림 그리기 등)'를 정하고, 실천하면 스티커를 모아요. 한 달이 지난 뒤 느낀 점을 나누며 시간 관리의 중요성을 알 수 있어요.

▶▶ 누리과정 '신체 운동·건강 > 건강하게 생활하기 ▶ 하루 일과에서 적당한 휴식을 취한다.'에 근거하여, 5분 동안 무언가 하지 않고 휴식을 취하는 것도 중요하다는 점을 알게 해 주세요.

따로 ▷ 내가 만드는 유치원의 하루

유아들이 유치원에서 보내는 하루의 시간을 자신들이 하고 싶은 대로 계획하고 실천해 보며 평가하는 활동을 통해 하루의 시간을 느껴 볼 수 있도록 합니다.

먼저, 교사는 유아들이 하고 싶은 놀이와 활동을 계획해 볼 수 있는 계획표를 준비합니다. 유아들과 함께 유치원에서 하루 동안 어떤 놀이를 하며 어떻게 보내고 싶은지 이야기 나눕니다. 유아들은 각자 '내가 만드는 유치원의 하루'를 그림이나 글로 표현하고, 계획대로 하루를 보낼 날짜를 정합니다. 유아는 각자가 정한 날짜에 자신이 만든 유치원의 하루를 친구들과 공유하고, 계획대로 유치원에서 생활합니다. 일과가 끝난 후 계획한 놀이와 활동을 하며 좋았던 점과 아쉬웠던 점을 함께 나누고, 유치원에서 하루를 의미 있게 보내려면 어떻게 하면 좋을지 생각해 봅니다.

내가 만드는 유치원의 하루

우리의 하루 평가하기

▶▶ 매일 스스로 놀이 시간을 계획하고 평가하면 시간의 소중함을 알고 시간 조절 능력을 기를 수 있어요.

▶▶ 평가는 단순히 놀이를 '했다, 못했다'로 끝내지 말고, 계획한 놀이를 왜 못했는지, 어떻게 하면 좋을지 방법을 함께 생각해 보도록 해요.

유아들이 초등학교 생활을 상상하여 시간표를 만들어 보며 초등학교 생활에 대한 이해와 적응을 돕는 활동입니다.

먼저, 초등학교에서는 어떤 수업을 할지 함께 이야기 나눕니다. 이때 이야기 자료로 초등학교 1학년 교과서와 초등학교의 다양한 특별실을 소개하여, 초등학교 경험이 없는 유아들이 초등학교에서 무엇을 배우고 어떻게 시간을 보내는지 생각해 볼 수 있게 합니다. 다음으로, 유아들을 모둠별로 나누고 각 모둠에 시간표 판을 나누어 줍니다. 각 모둠은 생각을 모아 초등학교 시간표를 만들고, 이를 그림으로 표현합니다. 그림으로 표현하기 어려운 부분은 교사가 글씨로 도와줄 수 있습니다. 마지막으로, 각 모둠에서 만든 시간표를 친구들에게 소개하고, 다른 모둠과 비교하여 특별한 수업이 있는지 또 초등학교에서 왜 그런 수업이 필요할 것 같은지 함께 이야기해 봅니다.

초등학교 탐방하기

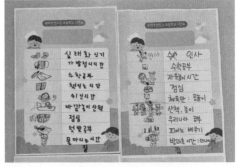

상상 속 초등학교 시간표 만들기

▶▶ 시간표를 만들기 전 1학년 학생들과 함께 초등학교 교실과 특별실을 둘러보며, 각 시설에서 어떤 수업이 이루어지는지 설명을 듣고 직접 경험해 보면 유아들이 초등학교 생활을 더 구체적으로 이해할 수 있어요.

또 같이 ▶ 진짜 초등학교의 하루

유아들과 초등학교 1학년 학생들이 만나, 유아들이 만든 상상 속 초등학교 시간표와 실제 1학년의 학교 시간표를 비교해 보며 초등학교 생활을 이해하도록 돕는 활동입니다.

　유아들이 만든 시간표를 실물 화상기를 통해 모두가 볼 수 있도록 하여, 유아들이 생각한 수업이 실제 초등학교에서 하는 수업과 어떻게 다른지 1학년 학생들이 설명해 줍니다. 그런 다음, 초등학교 1학년의 실제 시간표를 함께 보며, 유아들이 궁금해하는 수업에 대해 초등학생들이 직접 설명하며 초등학교 생활을 공유하는 시간을 갖습니다.

초등학교 선생님과 초등학교 하루 알아보기　　　　1학년 학생들에게 초등학교 하루 물어보기

아이들의 성장 •━━━━━━━━━━━━━━━━━━━━━━━━━━━━

"5분 동안 할 수 있는 일이 많아요."

"초등학교는 쉬는 시간이 있어요."

"1학년 때 영어는 안 배워요."

"지각하면 안 돼요. 시간을 지켜야 해요."

"유치원 때는 놀이 시간이 많았는데, 학교에 오면 공부하는 시간이 많아져요."

유·초 이음 TIP | 초등학교의 일과

✓ 초등학교는 40분 단위로 수업하며, 40분 단위 수업을 '1차시'라고 표현하기도 합니다. 간혹 80분 단위의 블록 수업이 이뤄지기도 합니다.

✓ 1학년은 요일에 따라서 4교시 또는 5교시로 시간표가 구성되고, 하교 시간은 학교마다 다소 차이가 있습니다.

✓ 수업과 수업 사이에 10분 쉬는 시간이 있으며, 학생들의 충분한 놀이 시간 확보를 위해 20~30분 동안 중간 놀이 시간을 갖는 학교도 있습니다.

✓ 1학년 수학 교육과정에서는 정각과 30분 단위까지만 시간 개념을 배웁니다. 단순히 시계 읽는 방법을 배우는 선행 학습이 아니라 시간의 소중함을 느끼도록 지도합니다.

손가락 힘 대장,
젓가락 놀이

(#소근육 발달)　(#젓가락 사용)　(#눈과 손의 협응력)　(#젓가락 챌린지)

　유아에게 젓가락은 단순히 밥을 먹기 위한 도구가 아니라 훌륭한 놀잇감이 될 수 있습니다. 유아와 초등학생이 함께 젓가락 놀이를 하면, 작은 근육을 세밀하게 조작하고 물건을 집는 활동을 통해 눈과 손의 협응력을 키울 수 있습니다. 그뿐 아니라 소근육이 발달해 소근육 조작을 해야 하는 다양한 도구를 자연스럽게 사용할 수 있게 됩니다. 이런 젓가락 놀이는 유아들이 초등학교 생활에 자연스럽게 익숙해지도록 도와줍니다.

　유아가 젓가락을 자유롭게 사용할 수 있게 되면, 학습 도구 사용에도 자신감을 얻어 초등학교 생활에 잘 적응할 수 있습니다. 젓가락 놀이는 유아가 실생활에서 다양한 도구를 능숙하게 사용할 수 있도록 하는 중요한 활동입니다.

유·초 이음 교육과정 잇기

| 유치원 관련 영역
　신체 운동·건강 > 신체 활동 즐기기 ▶ 신체 움직임을 조절한다.
　사회관계 > 더불어 생활하기 ▶ 약속과 규칙의 필요성을 알고 지킨다.

| 초등 교과 및 성취 기준
　통합 > 학교 ▶ [2바01-01] 학교생활 습관과 학습 습관을 형성하여 안전하고 건강하게 생활한다.
　　　　　　▶ [2즐01-01] 즐겁게 놀이하며, 건강하고 안전하게 생활한다.

활동 방법

따로 **젓가락 짝 찾기 미션!**

젓가락 사용에 대해 친근하고 재미있게 다가가기 위해 젓가락 짝을 찾아보는 게임을 합니다.

먼저 나무젓가락, 유아용 젓가락, 초등 급식실에서 사용하는 젓가락 그리고 다양한 디자인의 젓가락을 준비합니다. 교사는 교실 곳곳에 젓가락을 한 짝씩 숨겨 놓습니다. "미션 시작!"이라는 외침과 함께 유아들은 제한 시간 안에 교실 구석구석을 살피며 젓가락을 찾습니다. 젓가락 한 짝을 찾은 유아는 나머지 한 짝을 찾은 친구와 만납니다. 이렇게 두 명이 만나 젓가락 한 쌍이 되면 "미션 성공!"을 외칩니다.

미션 활동 후 짝을 찾은 젓가락을 살펴봅니다. 젓가락마다 쓰임이 어떻게 다른지 알아보고, 유치원에서 사용하는 젓가락과 초등학교 급식실에서 사용하는 젓가락의 차이점도 알아봅니다.

젓가락 짝 찾기 미션

두 짝이 만나 젓가락 한 쌍 완성

따로 **젓가락 릴레이 게임**

젓가락을 잘 사용하기 위해서는 반복적인 소근육 활동을 재미있게 경험해 보는 것이 중요합니다. 활동을 위해 유아들을 두 팀으로 나누고 각자 준비된 접시 앞에 앉도록 합니다. 팀 이름을 정할 때 '당근 팀과 바나나 팀'처럼 음식 이름으로 지으면 게임에 더 몰입할 수 있습니다. 젓가락을 사용하여 접시에 담긴 음식을 최종 바구니까지 더 빨리 옮기는 팀이 승리합니다. 접시에 담긴 음식 종류로는 낱개 포장 과자, 자른 과일, 콩알 등을 활용하고, 단계별로 난이도를 조절합니다.

릴레이 게임이 어렵다면 수·조작 영역에서 개별 소근육 활동으로 대체하거나, 유아 두 명이 모여 1:1 게임으로 활동할 수 있습니다.

| 여럿이 함께하는 젓가락 릴레이 게임 | 혼자 해 보는 젓가락 게임 | 1:1로 하는 젓가락 게임 |

또 같이 ▶ **젓가락 거꾸로 빙고 게임**

기존 빙고 게임을 변형한 '젓가락 거꾸로 빙고 게임'을 해 봅니다.

작은 물건들(콩, 구슬, 작은 블록 등), 작은 접시나 컵 그리고 3x3 크기의 빙고판을 준비합니다. 개인별로 빙고판을 앞에 놓고, 빙고판의 각 칸에 작은 물건들을 하나씩 놓습니다. 게임이 시작되면 아이들은 젓가락을 사용하여 빙고판 칸에 있는 작은 물건을 하나씩 집어 접시나 컵으로 옮깁니다. 빙고판의 물건을 모두 옮겨 칸이 비면 "빙고!"라고 외칩니다.

게임이 끝난 뒤에는 잡기가 제일 쉬웠던 물건과 어려웠던 물건을 이야기해 봅니다.

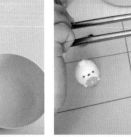

| 젓가락 거꾸로 빙고판 | 젓가락으로 물건을 옮겨 빙고판 비우기 |

▶▶ 규칙을 잘 모르는 유아를 위해 초등학생과 함께 2인 1조로 놀이할 수 있어요.

▶▶ 놀이가 익숙해지면 정식 빙고 규칙을 이용해 활동해 보세요.

또 같이 **젓가락 챌린지 : 숨은 보물찾기**

먼저 유아들과 초등학생들이 함께 젓가락을 사용해 작은 물건을 집는 연습을 합니다. 큰 상자나 그릇에 모래 또는 쌀을 채우고, 그 안에 작은 물건들을 숨깁니다. 아이들은 젓가락을 사용해 상자 안에 숨겨진 물건(종이 클립, 작은 장난감, 단추, 구슬 등)을 찾아냅니다. 놀이가 끝나면 함께 찾은 물건의 수를 세고, 서로를 격려합니다.

| 작은 물건 집는 연습하기 | 상자 안에 숨은 보물찾기 |

▶▶ 길이, 모양, 쓰임 등으로 유치원 젓가락과 초등학교 젓가락의 차이점을 지도할 수 있어요.

▶▶ 나뭇가지, 블록(젠가), 실뜨기 등 다른 교구를 사용해 또 다른 경험을 제공할 수 있어요.

▶▶ 일상생활의 교구(단추·지퍼·버클 채우기, 끈으로 모양 만들기)를 활용해 소근육 키우기 활동을 해 보세요.

"처음에는 젓가락질이 어려웠는데, 이제 잘할 수 있어요."

"유치원과 초등학교 젓가락은 왜 길이가 달라요?"

"젓가락으로 작은 물건을 옮기면서 손이 더 강해졌어요."

"동생들이랑 같이 젓가락으로 놀이해 보니, 예전에 젓가락질을 어려워했을 때가 생각

났어요."

"젓가락으로 놀이해 보니까, 손이랑 손가락에 힘이 생기는 것 같아요."

유·초 이음 TIP | 초등학교의 소근육과 협응력을 키우는 교육

✓ 통합 교과 : '젓가락 디자인하기' 활동을 통해 학생들은 나무젓가락을 꾸미며 소근육과 손과 눈의
협응력을 발달시킵니다. 아크릴 물감, 마커, 스티커 등을 사용해 자신만의 창의적인 젓가락을 만들
고, 서로의 작품을 감상합니다.

✓ 국어(한글 놀이) : '여러 가지 선 긋기'는 학생들이 필기도구를 바르게 쥐는 힘을 기르고 글씨 쓰기
의 기초를 다지기 위한 활동입니다. 교사는 학생의 학습 속도나 발달 정도에 따라 난이도를 조절하
며 반복해서 연습할 수 있도록 도와줍니다.

✓ 초등학교에서는 교과 및 창의적 체험 활동 시간을 이용해 색칠하기, 연필로 글씨 쓰기, 가위질하기,
풀칠하기 등을 연습합니다. 유아기와 초등학교 저학년은 소근육 발달이 완전히 이루어진 시기가 아
니므로, 교사는 활동을 강요하지 않고 아이의 흥미에 맞추어 지도합니다.

골고루 맛있게!
급식실에서 생긴 일

(#급식) (#질서) (#바른 식습관)

아이들이 건강하게 성장하고 바른 인성을 기르기 위해서는 다양한 영양소를 고루 섭취하고 올바른 식사 예절을 배우는 것이 필수적입니다. 이를 위해 유아 교육 기관과 초등학교에서는 식습관 교육에 꾸준한 관심을 기울이고 있습니다.

그러나 가정과 학교의 교육 방식 차이, 발달 단계별 요구의 차이, 식습관 교육에 대한 인식 차이로 인해 교육의 연속성과 일관성이 부족한 경우가 많습니다. 이런 문제를 해결하려면 가정과 학교가 협력하여 일관된 교육을 제공하고, 아이들이 다양한 음식을 경험하며 즐길 기회를 꾸준히 제공해야 합니다. 이를 통해 아이들은 긍정적인 식습관을 형성하고 건강하게 성장하며, 서로를 존중하는 식사 예절을 자연스럽게 배울 수 있습니다.

유·초 이음 교육과정 잇기

| 유치원 관련 영역
신체 운동·건강 > 건강하게 생활하기 ▶ 몸에 좋은 음식에 관심을 가지고 바른 태도로 즐겁게 먹는다.
사회관계 > 더불어 생활하기 ▶ 약속과 규칙의 필요성을 알고 지킨다.

| 초등 교과 및 성취 기준
통합 > 학교 ▶ [2바01-01] 학교생활 습관과 학습 습관을 형성하여 안전하고 건강하게 생활한다.
　　　　▶ [2슬01-01] 학교 안팎의 모습과 생활을 탐색하며 안전한 학교생활을 한다.

활동 방법

따로 **냠냠 박사들의 식단표 설명회**

영양사 선생님께서 매달 제공해 주시는 식단표를 활용하여 매일 점심 식사 직전 '식단표 설명회'를 개최합니다. 하루에 한 명씩 순서대로 유아가 '냠냠 박사'가 되어 친구들에게 '오늘의 점심 메뉴'를 설명합니다. 그날의 '냠냠 박사'는 오늘의 점심 메뉴 중, 자신이 좋아하는 음식과 도전해 보고 싶은 음식을 이야기합니다.

낯선 반찬이나 처음 들어보는 음식이 있는지 질의응답 시간을 가지고, 교사 컴퓨터를 이용해 해당 음식을 함께 검색해 볼 수 있습니다. 낯선 음식이라도 재료를 살펴보거나 요리법을 알면 친숙한 음식으로 느낄 수 있습니다.

오늘의 점심 메뉴 설명하기

식재료 살펴보고 맛보기

따로 **건강을 담는 레시피!**

평소 선호하지만 건강에 좋지 않아 먹지 못한 음식에 관해 유아들과 함께 이야기를 나눕니다. 그런 다음, 몸에 유해하다고 여기던 음식을 건강한 음식으로 바꿀 수 있는 다양한 방법을 제시하며 요리 활동에 흥미와 관심을 유발합니다. 예를 들어 탕후루에 들어가는 설탕은 꿀로 바꾸고, 당이 많이 들어간 일반 아이스크림은 요구르트를 얼려서 당이 적은 건강한 아이스크림으로 바꿀 수 있습니다.

유아들이 만들고 싶은 요리가 탕후루로 정해졌다면 '건강을 담는 레시피'를 함께 생각해 봅니다. '좋아하는 과일만 끼우지 말고 안 먹어 본 과일도 끼워 보기', '다양한 과일을 끼운 뒤 설탕물에 담그지 않고 꿀을 찍어 먹기' 등 교사와 유아들이 함께 레시피를 바꿔 봅니다. 레시피를 정한 다음 날, 교사는 요리 활동에 필요한 재료와 도구를 준비하고 유아들에게 요리 활동 시 주의 사항과 함께 레시피 내용을 안내합니다. 유아들은 직접 요리 활동을 해 보고 자신이 만든 음식을 맛보며 뿌듯함을 느낄 뿐 아니라, 건강하게 바꾼 음식도 충분히 맛있다는 사실을 경험할 수 있습니다.

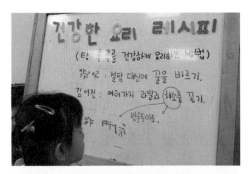

'건강을 담는 레시피' 만들기

'건강을 담는 레시피'로 만든 탕후루

또 같이 ▶ 맛있는 식판, 예절 한입 가득

유아들과 초등학생들이 급식실에서 음식을 배식받고 퇴식하기까지의 과정을 경험해 봅니다.

먼저 종이 식판, 다양한 색깔의 색종이(음식), 수저, 물컵, 메뉴판 역할을 할 칠판이나 화이트보드, 요리사 모자와 앞치마를 준비합니다. 놀이가 시작되면 유아들은 차례로 줄을 서서 종이 식판과 수저, 물컵을 받습니다. 교사는 칠판이나 화이트보드에 오늘의 메뉴를 적고 소개합니다.

초등학생들은 요리사 모자와 앞치마를 착용하고 배식 도우미 역할을 하며, 다양한 재료(색종이, 뿅뿅이, 스펀지, 클레이 등)를 가지고 음식을 만듭니다. 예를 들어 빨간 털실은 스파

게티, 초록색 종이는 상추, 노란 클레이는 치즈 등으로 표현하며 창의적인 요리를 만듭니다.

급식받는 학생 역할을 맡은 유아들은 줄을 서서 식판과 수저를 들고 초등학생에게 음식을 배식받습니다. 음식을 받을 때는 "감사합니다!"라고 인사하며 감사의 표현을 합니다. 식사가 끝난 뒤, 유아들은 차례대로 남은 음식을 퇴식구(잔반 상자)로 가지고 가서 흘리지 않고 버립니다. 종이 식판과 수저, 물컵은 처음 받았던 장소에 놓습니다. 식사 예절뿐 아니라 음식을 만드는 창의력, 순서 지키기, 감사 인사 등의 사회적 기술을 자연스럽게 배울 수 있습니다.

식판 모형

미술 재료로 차린 급식 한 상

▶▶ 실제 급식 메뉴를 활용해 비슷한 모형을 만들어 보거나 원하는 급식 메뉴를 작성해 보면, 더욱 생동감 있는 급식 놀이를 진행할 수 있어요.
▶▶ 유아가 급식실에 관해 궁금한 점을 물어보면 초등학생이 질문과 관련된 자신의 경험을 나누어 보는 미니 토크쇼를 진행할 수 있어요.
▶▶ 유아와 초등학생이 함께 팀이 되어 '어린이 건강 퀴즈 쇼'에 참여해 건강한 식습관과 관련한 OX 퀴즈를 함께 풀어 볼 수 있어요.

"내가 진짜 요리사가 된 기분이 들어요."

"같이 놀았던 형님들이랑 급식실에서 만나면 인사하고 싶어요."

"빨간 털실이 스파게티, 노란 색종이가 치즈로 변신하는 음식 만들기 놀이가 재밌었어요."

"미술 재료를 음식처럼 만들어서 동생들의 식판에 나눠 줄 때 조리사 선생님이 생각났어요."

"매일 맛있는 요리를 만들어 주시는 급식실 선생님들께 감사한 마음이 들었어요."

유·초 이음 TIP | 초등학교의 식습관 교육

✓ 통합 교과 '학교' 단원에서는 학생들이 점심을 먹기 위해 준비하고 이동하는 모습, 바르게 급식을 받는 모습, 식사하고 정리하는 모습을 제시하여, 식사 전 청결한 준비와 안전한 이동, 올바른 대기, 예의 바른 식사, 정리 태도를 익히도록 단계적으로 지도합니다.

✓ 일부 학교에서는 영양 교사와 담임 교사가 협력하여 수업을 진행하기도 하며, 특히 1학년 학생들을 대상으로 식습관 실태에 맞추어 '급식실 사용 방법'과 '골고루 먹기' 같은 식생활 영양 교육을 진행합니다.

행복한 미소를 위한 첫걸음,
양치 놀이

(#양치 습관)　　(#치아 위생)　　(#기본 생활 습관)

　'세 살 버릇 여든까지 간다.'는 속담이 유명한 이유는, 유아기부터 길러 나가야 할 중요한 습관들을 강조하기 위해 자주 언급되었기 때문일 것입니다. 그중에서도 규칙적인 양치 습관이야말로 위생적인 치아 관리를 위해 '세 살 때부터 여든 넘어까지' 유지해야 할 습관입니다. 올바르고 규칙적인 방법이 요구되는 양치 습관은 유치원에서 초등학교로 이동하면서 아이들 스스로 해야 할 자기 관리 영역이 됩니다.

　유·초 이음교육의 관점에서 구성한 양치 관련 놀이 및 활동을 통해 아이들이 양치의 중요성을 스스로 깨닫고, 올바른 방법으로 치아 위생을 관리해 나갈 수 있습니다.

유·초 이음 교육과정 잇기

▎유치원 관련 영역
　신체 운동·건강 > 건강하게 생활하기 ▶ 자신의 몸과 주변을 깨끗이 한다.
　신체 운동·건강 > 건강하게 생활하기 ▶ 질병을 예방하는 방법을 알고 실천한다.
　예술 경험 > 창의적으로 표현하기 ▶ 다양한 미술 재료와 도구로 자신의 생각과 느낌을 표현한다.

▎초등 교과 및 성취 기준
　통합 > 학교 ▶ [2바01-01] 학교생활 습관과 학습 습관을 형성하여 안전하고 건강하게 생활한다.
　　　　　　　▶ [2즐01-01] 즐겁게 놀이하며, 건강하고 안전하게 생활한다.

활동 방법 •━━━━━━━━━━━━━━━━━━━━━━━

> **따로** ▸ 깨끗한 치아를 위한 쓱싹 박수 게임!

유아들과 함께 '맛있는 박수 게임'을 합니다. 교사가 유아들에게 시금치, 김밥 등의 음식을 이야기하면 유아들은 "냠냠"을 외치며 박자에 맞게 손뼉을 두 번 칩니다. 그러다 교사가 컴퓨터, 색연필 등 먹지 못하는 사물을 말하면 유아들은 손으로 X 표시를 한 채 "냠냠"을 외치지 않아야 성공입니다.

맛있는 박수 게임을 변형하여 '쓱싹 박수 게임'도 진행해 봅니다. 교사가 유아들에게 '이에 좋은 음식'을 이야기하면, 유아들은 "쓱싹"을 외치며 박자에 맞게 손뼉을 두 번 칩니다. 그러다 사탕, 탕후루, 콜라 등 '이에 나쁜 음식'을 이야기하면 손으로 X 표시를 하며 "쓱싹"을 외치지 않아야 성공입니다.

'쓱싹 박수 게임' PPT 활동 자료

'이에 나쁜 음식'에 X 표시하기

> **따로** ▸ 페트병 어금니로 치과 의사 놀이

이야기 나누기 활동을 통해 유아들이 치과에 다녀온 경험을 나누어 봅니다. 치아를 촬영하기도 하고, 의사 선생님께 올바른 양치질 방법을 듣기도 하고, 충치를 치료했던 아픈 경험도 있을 것입니다. 이렇게 사전 경험을 충분히 나눈 뒤 페트병 뒷부분을 활용해 만든 어금니 모형을 가지고 치과 의사 놀이를 합니다.

먼저 점토를 활용하여 음식물이 낀 것처럼 페트병 어금니 사이사이에 붙입니다. 또는 검은 물감을 발라 이가 썩은 것처럼 만들어 봅니다. 그러고 나서 칫솔이나 털실, 물을 묻힌 붓 등을 치과 도구처럼 활용하여, 병들고 아픈 어금니를 다시 건강하고 깨끗한 어금니로 바꾸어 봅니다. 자신의 사전 경험과 연결되어 치과 의사 놀이에 더욱 몰입할 수 있습니다.

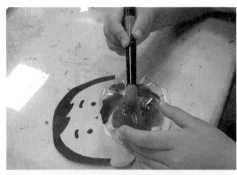
치아 모형에 낀 이물질 닦아 내기

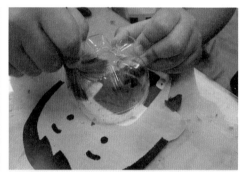
깨끗해진 치아 모형

▶ ▶ 페트병 어금니는 가정 내 페트병 뒷부분을 잘라 기관으로 보내 주시도록 미리 학부모님께 안내하여 가정과 연계할 수 있어요.

또 같이 ▶ **우리는 충치 제거단!**

건강하고 깨끗한 치아를 만들기 위해 서로 협동하여 검은 충치 균들을 씻어 내는 활동입니다. 유아들과 초등학생들이 함께 '충치 제거단'이 되어 활약해 봅니다.

교내 운동장이나 놀이터 등의 담벼락을 활용하여 커다란 치아 모형을 부착합니다. 치아 부분에는 충치를 표현한 검은 물감을 덧칠하여 제공합니다. 충치 제거단 아이들은 일정한 거리를 유지하고 물총을 이용하여 벽에 붙어 있는 치아 모형을 향해 물을 쏘며 검은 물감을 최대한 많이 닦아 내 봅니다. 병설 유치원의 경우엔 교내 공터에서, 유치원과 초등학교가 서로 다른 건물일 경우에는 공원 등 인근 지역 사회의 공간에서 함께 모여 실시할 수 있습니다.

담벼락에 부착한 치아 모형

서로 협동하여 검은 충치 균 씻어 내기

또 같이 ▶ 작은 아티스트, 협력 치아 콜라주

초등학생들과 유아들이 함께 잡지나 신문, 인쇄된 이미지, 스티커 등을 활용하여 치아 건강 콜라주를 만듭니다.

아이들은 다양한 이미지 중 칫솔, 치약과 같이 치아에 관련된 것이나 이에 건강한 음식 등을 찾아 오린 뒤 붙이거나 그림을 그려 봅니다. 초등학생은 이미지 옆에 '이것은 치약입니다. 충치를 예방하고 치아를 튼튼하게 합니다.' 같은 설명을 적습니다. 완성된 콜라주를 교실이나 복도에 전시하고, 치아 건강 습관에 관해 이야기를 나누어 봅니다.

협력 치아 콜라주 완성본

▶▶ 초등학교 1학년과 함께할 수 없는 상황이라면, 서로 '치아 관리 일기'를 꾸준히 작성해 온라인 게시판에 공유해 보아요.

▶▶ 직접 만든 콜라주를 바탕으로 '치아 관리 퀴즈 대회'를 개최하여, 학습 내용을 재미있게 복습하고 치아 관리의 중요성을 확인할 수 있어요.

아이들의 성장 •───────────────────────────

"형님들이랑 같이 물총으로 충치를 무찌르니까 즐거웠어요."

"충치가 생기지 않게 이 닦을 거예요. 약속!"

"왜 이를 잘 닦아야 하는지 이제 알겠어요."

"치약이 어떤 일을 하는지 잘 알게 되었어요."

"엄마한테 내가 배운 대로 이를 닦아 보라고 할 거예요."

유·초 이음 TIP | 초등학교의 치아 관리 교육

✓ 초등학교 저학년은 영구치가 자라는 시기입니다. 유치원 때 좌우로 닦던 양치 습관을 위아래로 닦을 수 있도록 지도합니다.

✓ 학교보건법에 따라 1·4학년은 건강 검진에 구강 검진을 포함해 실시하며, 2·3·5·6학년은 별도 지정 병원을 내원하여 구강 검진을 실시합니다. (교육청과 학교마다 방식의 차이는 있음)

✓ 초등학교에서는 식습관 교육과 올바른 양치법 등을 통해 학생들이 올바른 치아 관리 습관을 형성하도록 돕고 있습니다.

3부

배움이 커 가요

아동기 문해력과 기초 수리력 발달은 학습에 든든한 디딤돌이 됩니다. '배움이 커 가요'
에는 의사소통의 기본인 듣기와 말하기부터 말놀이, 숫자 인식과 도형, 비교하기와 규
칙성까지, 문해력과 수리력 발달을 돕는 재미있는 활동을 담았습니다. 유아와 초등학교
1학년 학생들이 함께 활동하며 기초 학습의 견고한 밑바탕을 쌓을 수 있습니다.

쉿,
그리고 두 귀는 쫑긋!

#귀 기울이기 #경청하기 #존중 #소통 #듣기와 말하기

경청(傾聽)은 '귀 기울여 듣는다.'는 뜻으로, 조용히 상대방의 말에 귀를 기울이고, 눈을 맞추며, 고개를 끄덕이거나 맞장구치는 반응까지 포함합니다.

아이들은 일상생활에서 많은 듣기 경험을 합니다. 친구의 흥미로운 이야기와, 선생님과 부모님의 말씀을 들으며 생활합니다. 경청은 이후의 학습 습관으로 이어지므로, 경청하기 연습이 되어 있으면 바람직한 학습 태도는 물론이고 교우 관계를 포함한 타인과의 상호 작용에도 도움이 됩니다.

유·초 이음 교육과정 잇기

| 유치원 관련 영역
  의사소통 > 듣기와 말하기 ▶ 말이나 이야기를 관심 있게 듣는다.
  의사소통 > 듣기와 말하기 ▶ 바른 태도로 듣고 말한다.
  예술 경험 > 아름다움 찾아보기 ▶ 자연과 생활에서 아름다움을 느끼고 즐긴다.

| 초등 교과 및 성취 기준
  국어 ▶ [2국01-03] 상대의 말을 집중하여 듣고 말 차례를 지키며 대화한다.

> **따로** 잘 듣는 것은 중요해

『소리 괴물』
위정현 글, 이범재 그림, 계수나무

상대의 말을 잘 듣지 않아 사람 귓속에 들어가지 못하고 혼자 떠돌게 된 말이
모여 소리 괴물을 만들어 냅니다. 다른 사람의 말을 귀 기울여 들어 주는 대화
의 중요성을 전하는 그림책입니다.

그림책 『소리 괴물』을 감상합니다. 다른 사람의 말을 잘 듣지 않는 그림책 속 친구의
모습을 살펴봅니다. 사람들이 듣지 않는 말들이 모여 소리 괴물이 됩니다. 나는 그동안
다른 사람의 말을 잘 들었는지 생각해 보고 이야기 나눕니다. 누가 무슨 말을 하는지 소
리 괴물 때문에 들을 수 없어 생긴 사건·사고 그림을 자세히 관찰합니다. 다른 사람의 말
을 귀 기울여 듣고 대화하는 사람들이 그려진 장면도 관찰합니다. 귀 기울여 대화하는
아름다운 모습을 통해 경청의 중요성을 깨달을 수 있습니다.

<궁금한 그림책 질문들>

– 소리 괴물은 어떻게 만들어졌나요?

– 소리 괴물 때문에 어떤 일이 생겼나요?

– 소리 괴물을 사라지게 하는 방법은 무엇인가요?

– 다른 사람의 말을 귀 기울여 듣지 않는 사람들의 표정은 어떤가요?

– 귀 기울여 대화하는 사람들의 모습은 어떤가요?

자연이 말하는 소리

우리 주변에서 어떤 소리가 나는지 가만히 들어 봅니다. 바람이 흩날리는 소리, 매미가 맴맴 우는 소리, 벌이 윙윙 날아다니는 소리, 웅덩이에 고인 흙탕물을 밟는 소리, 나뭇잎이 바스락거리는 소리 등 가만히 멈추어 자연이 들려주는 소리를 귀 기울여 듣고, 녹음기에 담아 보거나 나만의 표식으로 기록해 봅니다. 친구들이 수집한 자연의 소리를 들어 보고 글이나 그림으로 표현합니다.

자연의 소리 수집하기

수집한 자연의 소리 들어 보기

▶▶ 가정과 연계하여 주말 동안 즐거웠던 일이나 소개하고 싶은 소리를 녹음한 뒤 친구들과 함께 들어 보아요.
▶▶ 친구들과 함께 수집한 자연의 소리를 들어 보고 이를 활용하여 동시 짓기 활동도 할 수 있어요.
▶▶ 1학년 형님들과 함께 내가 담은 자연의 소리를 활용한 수수께끼 퀴즈 활동도 할 수 있어요.
  - 무슨 소리일까요?
  - 어떤 날씨/계절일까요?
  - 어떤 장소가 떠오르나요?

따로 **소곤소곤, 내 마음을 들어 봐!**

스마트 기기를 활용하여 내 마음을 전달하는 음성 편지를 녹음해 보고 함께 들어 봅니다.

활동 전 캐노피, 놀이 텐트 등 다양한 소품을 활용하여 조용한 공간인 '경청 아지트'를 구성하고, 친구들이 말하고 듣는 소리에 집중할 수 있도록 경청 아지트 규칙도 함께 이야기 나눠 봅니다. 유아들은 경청 아지트에서 친구에게 하고 싶은 말, 응원의 한마디, 못했던 사과, 깜짝 퀴즈 등 친구에게 전하고 싶은 마음을 녹음합니다. 녹음 시간은 모래시계를 사용하여 1분 정도로 제한합니다. 녹음한 뒤에는 친구에게 알려 친구가 나의 마음을 들을 수 있도록 합니다. 녹음된 친구의 마음을 듣고 자신의 생각과 느낌을 녹음하여 친구에게 다시 전달하거나, 글이나 그림을 활용하여 마음을 전합니다.

조용한 공간 '경청 아지트'

음성 메모 앱을 활용해 소리 편지 녹음하기

▶▶ 가정과 연계하여 부모님이 전하는 사랑의 메시지도 들어 볼 수 있어요.
▶▶ 친구에게 소개하고 싶은 동화나 노래를 녹음한 뒤 다 함께 들어 봐도 좋아요.

또 같이 말 전달 놀이

초등학생들이 문장으로 설명할 수 있는 사진이나 그림 카드를 준비합니다. 초등학생들과 유아들이 번갈아 줄을 섭니다. 한 팀의 수는 5~6명 정도가 적당합니다.

초등학생이 첫 번째로 사진 또는 그림 카드를 하나 뽑습니다. 사진이나 그림 카드를 묘사할 수 있는 문장 하나를 생각합니다. 생각한 문장을 앞에 선 유아의 귀에 대고 속삭이며 말합니다. 유아는 주의 깊게 듣고 바로 앞 학생에게 귓속말로 전달합니다. 전달받은 마지막 학생은 여러 사진과 그림 카드 중 전달받은 문장에 가장 어울리는 것을 고릅니다. 그리고 정답을 확인합니다. 정확하게 문장을 전달하여 알맞은 사진이나 그림 카드를 고르면 성공입니다. 활동이 끝나면 말 전달 놀이를 성공하기 위한 비법은 무엇인지 이야기 나눕니다.

귓속말로 문장 전달하기

문장과 어울리는 사진 또는 그림 카드 고르기

아이들의 성장

"내가 수집한 바람 소리를 들어 봐요. 눈 감고 들으면 시원하지요?"

"부모님이 나에게 사랑한다고 녹음한 말을 들으니 기분이 좋았어요."

"작은 소리의 귓속말을 들으려고 집중하니까 교실이 조용해졌어요."

"내가 한 말을 동생들이 끝까지 잘 전달할 수 있을지 조마조마했어요."

"문장 만들어 전달하는 놀이가 너무 재미있어요. 또 하고 싶어요."

유·초 이음 TIP | 초등학교의 경청하기 학습

✓ 1학년 1학기 국어 2단원에서 들을 때의 바른 자세에 관해 배웁니다.

✓ 허리를 펴고 의자에 바르게 앉아 손과 다리를 가지런히 합니다. 눈은 말하는 사람을 바라보아야 바람직한 듣기 자세입니다. 이것을 '경청(傾聽)'이라고 합니다.

✓ 경청하기는 학습 태도의 기본이 되기 때문에 1학년뿐 아니라 모든 학년에서 다루어집니다.

마음속에 하나씩, 용기 마이크

(#발표하기) (#자신감) (#내 생각 말하기) (#용기) (#자기 표현력)

의사소통 능력은 생활 속에서 자연스럽게 이루어지는 대화를 통해 발달합니다. 하지만 자기 생각과 느낌을 말하는 것은 생각보다 용기가 필요합니다. 유치원과 학교에서 쉽게 일어날 수 있는 상황을 연출하고 적절한 말을 소리 내서 해 보는 연습은 아이들이 자기 생각을 자신 있게 말할 수 있는 물꼬를 터 줍니다.

긍정적인 말하기 경험을 통해 발표와 말하기에 긍정적 인식을 가진 아이들은 이후의 학교생활에서도 자발적으로 자신의 의견을 말할 수 있게 됩니다. 이는 아이들의 긍정적인 학습 동기와 자아 존중감을 형성하는 데 도움을 줍니다.

유·초 이음 교육과정 잇기

| 유치원 관련 영역
> **의사소통 > 듣기와 말하기 ▶ 자신의 경험, 느낌, 생각을 말한다.**
> **의사소통 > 듣기와 말하기 ▶ 바른 태도로 듣고 말한다.**
> **의사소통 > 듣기와 말하기 ▶ 상대방이 하는 이야기를 듣고 관련해서 말한다.**

| 초등 교과 및 성취 기준
> **국어 ▶ [2국01-02] 바르고 고운 말로 서로의 감정을 나누며 듣고 말한다.**
> **▶ [2국01-04] 자신의 경험이나 생각을 바른 자세로 발표한다.**

활동 방법

따로 나도 그런 적이 있었지

『우물쭈물하지 말고 똑똑하게 말해요』
안미연 글, 강경수 그림, 상상스쿨

소심한 성격의 부끄럼쟁이 '코니'가 엄마가 만들어 준 용기 주머니의 도움을 받아, 점차 자신의 생각과 의견을 씩씩하게 말하게 되는 그림책입니다.

그림책『우물쭈물하지 말고 똑똑하게 말해요』를 읽은 뒤, 표지 속 코니의 표정을 보며 어떤 기분일지 추측합니다. 코니와 비슷했던 경험이 있는지 회상하고, 그때 느꼈던 나의 감정을 이야기합니다. 또 코니처럼 수줍음이 많아 자기 생각과 느낌을 이야기하기 어려운 친구들을 도와주는 방법에 관해 이야기를 나눕니다.

<궁금한 그림책 질문들>

– 표지 속 코끼리의 기분이 어때 보이나요?

– 코니처럼 하고 싶은 말을 하지 못했던 적이 있나요?

– '용기 있게 말한다.'는 것은 무엇일까요?

– 화장실에 가고 싶을 때는 어떻게 말해야 할까요?

– 다른 사람들에게 내 생각을 잘 전달하려면 어떻게 말해야 할까요?

– 코니처럼 수줍음 많은 친구가 자신의 생각을 표현할 수 있도록 어떻게 도와줄 수 있을까요?

교사는 유치원과 초등학교에서 흔히 일어날 수 있는 상황을 다양하게 준비합니다. 상황을 글과 그림으로 표현해 종이에 적거나 인쇄합니다. 뒷면에는 예시 답안처럼 상황에 적절한 말을 적어 둡니다. 뽑기 캡슐에 상황을 적은 종이를 접어 넣습니다. 캡슐 안에 구슬 두 개를 넣고 이것을 '용기 구슬'이라고 이름 짓습니다.

초등학생과 유아가 짝을 지어 캡슐을 하나 뽑습니다. 캡슐 안에 든 상황을 같이 읽고 어떻게 말해야 할지 함께 생각합니다. 뒷면에 적힌 예시 답안을 참고합니다. 차례대로 앞에 나와 뽑은 상황을 큰 소리로 읽고 알맞은 답을 발표합니다. 듣는 친구들은 따라서 말해 봅니다. 발표한 아이들은 캡슐 안에 든 용기 구슬을 가져갈 수 있습니다.

활동을 마친 뒤에도 교실에 말하기 연습 캡슐을 비치하면 아이들이 자유롭게 뽑아 보고 상황에 알맞은 말하기를 연습합니다.

<말하기 상황 예시>

1. 갑자기 새치기하는 친구에게

   – "다들 순서를 기다리고 있잖아. 새치기는 안 돼. 차례를 지키자."

2. 떠들고 수업을 방해하는 친구에게

   – "지금은 수업 시간이야. 조용히 해 주면 좋겠어."

3. 내가 싫어하는 별명을 자꾸 부르는 친구에게

   – "자꾸 별명을 부르니까 기분이 나쁘고 부끄러워."

4. 외모나 옷차림을 놀리는 친구에게

   – "그렇게 말하면 내가 속상하고 부끄러워. 놀리지 마."

5. 나와 부딪혀 아파하는 친구에게

   – "미안해! 괜찮아? 많이 아파?"

말하기 상황 쪽지의 앞면과 뒷면

캡슐에 든 말하기 상황 쪽지와 용기 구슬

▶▶ 뽑기 캡슐을 준비하기 어렵다면, 말하기 상황 쪽지를 종이 뽑기로 활동하고 용기 구슬은 교사가 나눠 줘요.

따로 ▷ 오늘은 발표하는 날

매주 월요일을 '발표의 날'로 정합니다. 3~4명씩 돌아가며 자신의 느낌이나 생각, 경험을 이야기하여, 모든 유아가 한두 달에 한 번씩은 발표할 수 있도록 합니다. '주말 지낸 이야기', '오늘 내가 그린 그림'부터 '요즘 나의 관심사', '내가 추천하는 책', '내가 좋아하는 바다 동물' 등 주제와 형식에 구애받지 않고 유아들 스스로 관심 있는 주제를 정하고 친구들에게 발표합니다. 친구의 발표를 듣고 궁금한 점이 있으면 손을 들고 질문하고, 발표자는 답변합니다.

발표 자료 함께 만들기

'발표의 날'에 딸기 박사가 들려주는 이야기

▶▶ 가족들과 함께 발표할 주제를 조사하고, 발표해 볼 수 있어요.
▶▶ 초등학교 학생들과 화상 회의 프로그램에서 만나 '주말 지낸 이야기' 등을 함께 나눌 수 있어요.

발표 첫날에는 작은 목소리로 말하거나 선생님께 대신 말해 달라고 요청할 수도 있지만, 준비가 될 때까지 교사는 충분히 기다려 주며 발표에 자신감을 가질 수 있도록 지원합니다. '발표의 날'이 익숙해지면 발표할 자료도 직접 만들어 볼 수 있습니다.

아이들의 성장

"나도 코니처럼 부끄러워서 아무 말도 못 했던 적이 있어요."

"전 발표의 날이 정말 기다려져요. 제가 가장 좋아하는 종이접기를 소개해 줄 거예요."

"친구들이 내 발표를 듣고 나에게 질문을 많이 해 줘서 기분이 좋았어요."

"동생들과 함께 만든 용기 구슬을 갖게 되어 점점 더 용기가 생겨요."

"용기 구슬을 더 많이 모으고 싶어요. 발표하면 또 주세요."

유·초 이음 TIP | 초등학교의 말하기 학습

✓ 1학년 1학기 국어 2단원에서 '바른 자세로 발표하기'를 학습하고, 1학년 2학기 국어 1단원에서 '듣는 사람을 생각하여 자신의 기분 말하기'를 학습합니다.

✓ 발표할 때는 눈은 듣는 사람을 바라보기, 알맞은 목소리 크기 연습하기, 허리를 세우고 손은 내리고 다리는 자연스럽게 벌리기 등의 올바른 자세를 연습합니다.

✓ 기분을 나타내는 말을 알아보고, 듣는 사람을 배려하여 생각과 느낌을 표현하기 위해 '나 전달법'으로 대화하기를 연습합니다.

안녕,
책상 속 친구들

(#기초 학습 도구)　(#공동 작품)　(#원거리 유치원-초등학교 이음)　(#안전하게 사용하기)

　조작 활동을 통해 유아들은 일찍부터 풀, 가위, 색칠 도구를 접합니다. 그래서 초등학교에 입학하고 만나는 기초 학습 도구에 친숙함을 느낍니다. 유아들에게 학습 도구의 사용 의의는 소근육 발달과 창의적 표현에 있습니다. 이런 점은 초등학교와도 연계됩니다. 초등학교에서는 색연필로 꼼꼼히 색칠하기, 여러 가지 선 긋기 연습을 통해 소근육을 발달시키고 손에 힘을 길러 글씨를 바르게 쓰도록 지도합니다.

　유·초 이음교육에서는 기초 학습 도구를 사용하여 함께 작품을 만들고 공유해 보면서 유아들은 교육과정과 발달 선상의 연속성을 경험할 수 있고, 초등학생들은 자기 효능감을 발휘할 수 있습니다.

유·초 이음 교육과정 잇기

| 유치원 관련 영역
　예술 경험 > 창의적으로 표현하기 ▶ 다양한 미술 재료와 도구로 자신의 생각과 느낌을 표현한다.

| 초등 교과 및 성취 기준
　통합 > 학교 ▶ [2바01-01] 학교생활 습관과 학습 습관을 형성하여 안전하고 건강하게 생활한다.
　　　　　　▶ [2즐01-01] 즐겁게 놀이하며, 건강하고 안전하게 생활한다.

활동 방법

따로 ▶ 뽀로롱! 마법 연필

『연필 하나』
알랭 알버그 글, 부루스 잉그만 그림, 손미나 옮김, 주니어 김영사

혼자 있어 심심한 마법 연필이 그림 붓, 지우개 같은 학습 도구를 그려 내면서,
그들의 기능과 역할을 자연스럽게 익히게 만든 그림책입니다.

　그림책『연필 하나』를 읽고, 책에 등장하는 다양한 도구의 특징에 관해 이야기 나눕니다. 이때, 동화 속에 등장하는 학습 도구 외에 풀과 가위 등 자주 사용하는 학습 도구를 더해 이야기를 나누어도 좋습니다.

　교실 한쪽 벽에 커다란 종이를 붙여 두고, 그림책에 나오는 학습 도구를 바구니에 담아 준비합니다. 유아들은 전지에 자유롭게 그림을 그리고, 지우고, 색칠하며 그림책에 나오는 학습 도구를 탐색합니다.

<궁금한 그림책 질문들>

– 그림책에서 연필은 가장 먼저 무엇을 그렸나요?

– 또 어떤 그리기 도구들이 나타났나요?

– 지우개는 어떤 행동을 했나요? 결국 지우개는 어떻게 없어지게 되었나요?

– 마지막에 연필과 붓은 어디에 들어 있나요?

따로 ▶ 나에게도 마법 연필이 있다면?

이야기 나눈 도구의 특징을 떠올리며, 나라면 무엇을 만들고 싶은지 상상해 보고 내가

만들고 싶은 것을 그림으로 표현해 봅니다. 유아들은 자신이 그린 그림의 내용과 그것이 필요한 이유를 선생님과 친구들에게 소개합니다. 친구들은 소개하는 친구의 이야기를 들으며 궁금한 점을 질문합니다.

내게 필요한 기초 학습 도구 브레인스토밍

내가 만들고 싶은 학습 도구

▶▶ 그림책에 등장하는 도구로 직접 변신하여 도구의 특징을 신체로 표현할 수 있어요.
▶▶ 도구를 안전하게 사용하는 방법과 정리 규칙 등도 함께 이야기 나누면 좋아요.

따로 ▶ **마법 연필의 고민**

앞서 읽은 그림책 사후 활동으로 마법 연필이 보낸 편지를 유아들에게 읽어 줍니다.

[편지 예시]

안녕! 나는 마법 연필이야. 나는 그리고 싶은 것을 마음껏 그릴 수 있단다.

그런데 나에게는 고민이 하나 있어.

우리 마을에는 나 말고 다양한 도구들이 살고 있단다.

색연필과 사인펜, 그림 붓은 내가 그린 그림을 알록달록 색칠할 수 있어.

그리고 지우개는 내가 실수한 것을 쓱싹쓱싹 지워 주지. 마지막으로 가위는 내가 그린 그림을 예쁘게 오려 주고 풀은 딱 붙여 줘.

그런데 나는 어린이 친구들이 우리를 어떻게 사용하는지 잘 모르는 것 같아서 고민이야.

풀은 모자를 잃어버려서 머리가 점점 말라 가고, 사인펜 중 하나는 길을 잃었는지 아직도 집에

돌아오지 않았어. 또 가위는 종이가 아니라 다른 것을 자르게 될까 봐 너무너무 무섭대.

너희들이 어떻게 하면 우리를 안전하고 또 소중하게 사용할 수 있는지 다른 친구들에게 가르쳐

줄 수 있겠니? 우리 좀 도와줘.

위의 편지를 읽고 다양한 학습 도구를 안전하게 사용하는 방법은 무엇인지 알아봅니다. 또 소중하게 다루는 방법을 알아보면서, 제자리에 잘 정리해야 하는 이유도 함께 이야기 나눕니다. 이를 바탕으로 학습 도구를 바르게 사용할 수 있는 규칙판도 만들어 봅니다.

마법 연필이 보낸 편지

기초 학습 도구 이용
안전 규칙에 관해 이야기 나누기

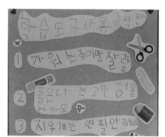

함께 만든 기초 학습 도구 이용
안전 규칙

▶▶ 학습 도구 사용 설명서를 만들어 보고, 이를 소개하는 내용을 영상으로 만들어 볼 수 있어요.
▶▶ OX 퀴즈 등을 통해 안전하게 사용하는 방법을 알아볼 수 있어요.

또 같이 ▶ 선으로 그리는 세상

1학년 학생들은 3월에 직선, 곡선, 점선 등 다양한 선 그리기를 연습합니다. 반복해서

그린 선의 무늬가 잔디밭으로 보이고, 달팽이와 악어로 보이기도 합니다. 이런 선 긋기 활동은 눈으로 점선을 보면서 천천히 손으로 따라가, 눈과 손의 협응력을 키우고 바른 글씨 쓰기의 기초가 됩니다. 학생들이 그린 그림을 이어 붙이니 커다란 바다가 됩니다.

유아들은 학생들이 그려 준 '선 긋기 바다 그림'을 활용하여 다양한 활동을 할 수 있습니다. 가위, 풀, 색연필, 물감 등 다양한 학습 도구를 활용하여 선 긋기 바다 그림을 알록달록 꾸미고, 내가 좋아하는 바다 생물도 풀과 테이프로 붙여 완성합니다.

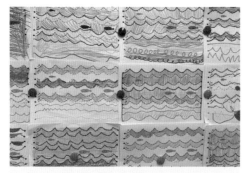

초등학생들이 연습한 선 긋기 그림

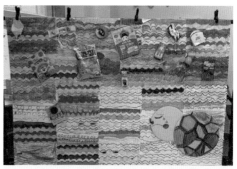

초등학생들의 그림에 유아들이 꾸민 바다

▶▶ 유치원과 초등학교의 물리적 거리가 멀다면 초등학생들이 그린 선 그림을 스캔하여 파일로 보내고, 유아들이 그림에 이어 붙여 활동할 수 있어요.
▶▶ 선 그림을 잔디밭이나 악어의 등, 모래사장 등으로 다양하게 표현할 수 있어요.
▶▶ 직선, 곡선, 점선, 얇은 선, 두꺼운 선 등 다양하게 선을 그려 봐요.

아이들의 성장

"나도 마법 연필로 강아지를 그리고 싶어요."

"색연필은 내가 그린 그림을 알록달록 꾸며 주는 소중한 도구예요."

"풀과 사인펜 등 뚜껑 있는 도구들은 꼭 뚜껑을 닫아 줘야 망가지지 않아요."

"형님들이 그린 선이 바다처럼 보여요. 따라 그려 볼래요."

유·초 이음 TIP | 초등학교 1학년 1학기 국어의 한글 놀이마당

✓ 한글 놀이마당은 '2022 개정 교육과정'에 새로 생긴 특화 단원으로, 1학년 1학기 국어 교과에서 가장 처음 나옵니다.

✓ 입학 초기 적응 활동 기간에 이루어지는 학습이며, 기초 문해력 강화 및 한글 해득 교육을 위해 국어 시수를 34시간 증배했습니다.

✓ 주요 학습 내용은 소근육 강화를 위한 선 긋기 활동, 기호와 그림의 시각적 변별, 소리마디(음절) 인식하기로, 글자를 익히는 데 필요한 준비 과정입니다.

✓ 한글 자·모음자를 놀이로 익힐 수 있는 활동으로 구성되어 있어, 초기 문자 학습에 흥미를 느끼게 합니다.

ㄱㄴㄷ 수집가

(#발현적 문해력)　(#한글)　(#문학적 감수성)　(#가정 연계)　(#이름 알기)

　　너무 이른 시기의 문자 교육은 유아의 상상력과 창의성을 방해할 수 있습니다. 초등학교 1·2학년에서 한글의 기초(자모음, 문장 부호 등)와 문해력 학습이 이루어지기 때문에, 유치원에서는 한글을 하나의 놀이로 경험해 보는 활동으로 충분합니다. 소리글자와 놀이 환경을 통해 자연스럽게 한글에 노출되면 유아는 문자에 관심을 가지게 되고, 이는 한글에 대한 호기심으로 이어집니다. 이 호기심은 한글 해득을 위한 출발점이며, 초등학교에서 한글을 학습할 자발적인 준비가 되었음을 알리는 지표입니다.

　　유·초 이음교육을 통해 유아와 초등학교 학생이 만나 한글을 활용한 재미있는 활동을 한다면, 한글에 대한 유아의 호기심을 한층 높일 수 있습니다.

유·초 이음 교육과정 잇기

| 유치원 관련 영역
　　의사소통 > 읽기와 쓰기에 관심 가지기 ▶ 주변의 상징, 글자 등의 읽기에 관심을 가진다.
　　의사소통 > 읽기와 쓰기에 관심 가지기 ▶ 자신의 생각을 글자와 비슷한 형태로 표현한다.
　　신체 운동·건강 > 신체 활동 즐기기 ▶ 신체를 인식하고 움직인다.

| 초등 교과 및 성취 기준
　　국어 ▶ [2국04-01] 한글 자모의 이름과 소릿값을 알고 정확하게 발음하고 쓴다.

활동 방법

> **따로** 내 이름은 OOO

『생각하는 ㄱㄴㄷ』
이지원 글, 이보나 흐미엘레프스카 그림, 논장

주변에서 찾아볼 수 있는 모양과 한글의 자음을 연결하여, 한글 자음과 단어를
그림으로 흥미롭게 배울 수 있는 그림책입니다.

유아들과 함께 그림책 『생각하는 ㄱㄴㄷ』를 읽고, 자음을 형상화한 그림을 보며 어떤
글자인지 맞혀 봅니다. 숨은그림찾기처럼 숨은 자음을 우리 주변에서 찾아보고, 책에서
내 이름 속 자음을 찾아 읽어 보고 모양을 비교합니다. 나의 신체뿐 아니라 클레이, 자연
물, 재활용품, 교재 교구 등 다양한 자료를 활용하여 나의 이름을 표현합니다.

<궁금한 그림책 질문들>

– 이 그림은 무엇을 나타낼까요?

– 그림책 속 이응(ㅇ)이 이름에 들어간 친구는 누가 있을까요?

– '정소윤'의 지읒(ㅈ)은 어떤 모양이 있었는지 다시 찾아볼까요?

– 우리 이름도 여러 가지 물건으로 만들어 볼까요?

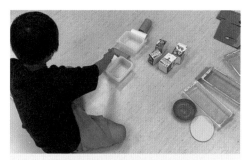
재활용품으로 표현해 보는 내 이름

자연물로 표현해 보는 내 이름

▶▶ 초등학교 형님의 이름을 만들고, 내 이름과 비교해 봐요.

▶▶ 원하는 자음을 그리고 그 위에 자신만의 그림으로 덧붙여 볼 수 있어요.

▶▶ 자음과 모음 관련 추천 도서
  - 『자음의 탄생』 전정숙 글, 김지영 그림, 올리
  - 『노는 게 좋은 ㅡ · ㅣ』 전정숙 글, 김지영 그림, 올리
  - 『요리요리 ㄱㄴㄷ』 정인하 글·그림, 책읽는곰

또 같이 ▶ 손으로 몸으로 ㄱㄴㄷ

유아들과 초등학생들이 함께 몸으로 글자를 만듭니다. 서로 손을 잡고 몸을 직선과 곡선으로 구부리면서 자음과 모음의 변형 원리를 이해할 수 있습니다.

아이들이 몸으로 자음과 모음을 만들고 사진을 찍습니다. 인터넷에서 배경 지우기 사이트를 활용하여 사진 배경을 삭제하면 원하는 형태의 그림(사진)만 깔끔하게 편집할 수 있습니다. 편집한 사진을 한 장에 모아 인쇄합니다. 가위로 오려 이리저리 자음과 모음 조합을 시도하면서 글자 학습에 대한 창의적 접근을 유도합니다. 서로 짝꿍인 유아 이름과 학생 이름을 만듭니다.

손으로 몸으로 표현한 한글 스티커

한글 스티커로 만든 짝꿍 이름

▶▶ 라벨지에 인쇄하면 스티커처럼 활용할 수 있어요.
▶▶ 만든 이름을 색종이나 색지 등에 붙이면 멋진 이름표가 돼요.

따로 ▶ ㄱㄴㄷㄹ 말모이

'말모이'란 우리나라 최초의 국어사전을 뜻하는 단어로, '말을 모은 것'이라는 의미를 가집니다. 'ㄱㄴㄷㄹ 말모이'는 가정과 연계하여, 내가 좋아하는 단어를 찾아 '나만의 단어 사전:말모이'에 수집하는 활동입니다.

유아들이 유치원과 가정에서 신문, 잡지, 과자 봉지, 재활용품, 전단, 책 등 다양한 매체에서 단어를 수집할 수 있도록 기간을 정해 두고, 가정 통신문이나 학급 알림 앱을 통해 학부모들께 안내합니다. 학부모들은 유아들이 자유롭게 찾은 단어들을 가위로 오려 수집할 수 있도록 도와주되, 여의치 않으면 원하는 단어를 사진으로 촬영하여 교사에게 전송하고 교사는 이를 프린트하여 유아들에게 제공합니다. 유아들이 엄마, 아빠와 함께 수집한 단어들을 모을 수 있는 지갑이나, 재활용품을 활용한 수집 통을 사전에 만들어 볼 수 있도록 지원하는 것도 좋습니다.

가정에서 수집해 온 단어들은 자유 놀이 시간에 '나만의 단어 사전:말모이'에 붙이고 친구들과 살펴봅니다. 이 단어는 어디서 찾았고, 어떤 의미가 있으며, 왜 이 단어를 수집했는지 친구들에게 소개할 수 있습니다.

우리가 만든 '나만의 단어 사전:말모이'   'ㅇ'으로 시작하는 말

▶▶ 신문지나 잡지를 활용하여 형님들과 '짝꿍 단어 사전'을 만들어 볼 수 있어요.

▶▶ 각자의 단어 사전을 만들고, 이를 활용하여 다 함께 말놀이를 해도 좋아요.

▶▶ 나만의 단어 사전을 활용한 말놀이

- 스무고개 퀴즈 내기
- 귓속말 전달 게임
- 삼행시 짓기

아이들의 성장

"동생들과 함께 몸으로 글자를 만들어 재미있었어요."

"이렇게 하면 내 이름이 완성돼요. 신기하죠?"

"여러 가지 그림이 글자랑 닮아 신기했어요."

"엄마, 아빠에게도 우리가 완성한 말모이 사전을 자랑하고 싶어요."

"다른 사람들에게 몸으로 글자를 만드는 법을 알려 주었어요."

유·초 이음 TIP | 유아 시기에 한글 쓰기를 지양하는 이유

✓ 너무 어릴 때부터 한글 쓰기를 섣불리 하다가 연필 잡는 습관이 잘못 고착되면 연필을 올바르게 잡고 쓰기가 어려워집니다. 3월의 초등학교 1학년 교실에서는 제각각 손 모양으로 연필을 잡고 쓰는 학생을 종종 볼 수 있습니다.

✓ 한글은 바른 획순 방향이 있습니다. 한글을 처음 쓸 때 그림을 따라 그리듯 마음대로 따라 쓰다 보면 잘못된 획순을 학습하게 됩니다. 잘못된 획순으로 쓴 글자는 모양도 이상한 경우가 많습니다. 대표적인 예가 'ㅊ'이나 'ㅎ', 'ㅚ' 같은 글자입니다. 초등학교 1학년 1학기 국어에서 자음과 모음 모두 획순에 맞춰 쓰기를 연습합니다.

말놀이 사냥꾼

#빠른말 놀이　　#끝말잇기　　#말의 재미　　#놀이 규칙 이해　　#어휘력

　말놀이는 말로 하는 놀이입니다. 말놀이를 통해 말의 재미를 느낄 수 있고, 발음과 어휘력이 좋아집니다.

　많은 말놀이 중 비슷한 발음의 단어를 빠르게 이어 말하는 '빠른말 놀이'는 말놀이에 대한 흥미와 관심을 유도하는 재미있는 활동입니다. 유·초 이음교육에서는 간단한 빠른말 놀이 후, 초등학교에서 많이 하는 끝말잇기를 그림 카드로 연습하며 놀이 규칙을 이해합니다. 끝말잇기 규칙에 대한 이해와 연습이 끝나면 초등학교 1학년 학생들의 도움을 받아 함께 끝말잇기를 합니다. 활동이 끝나고도 한동안 빠른말 놀이와 끝말잇기를 즐기는 유아들의 모습을 볼 수 있습니다.

유·초 이음 교육과정 잇기

| 유치원 관련 영역
　의사소통 > 듣기와 말하기 ▶ 상황에 적절한 단어를 사용하여 말한다.
　의사소통 > 읽기와 쓰기에 관심 가지기 ▶ 말과 글의 관계에 관심을 가진다.
　의사소통 > 책과 이야기 즐기기 ▶ 말놀이와 이야기 짓기를 즐긴다.

| 초등 교과 및 성취 기준
　국어 ▶ [2국05-01] 말놀이, 낭송 등을 통해 말의 재미와 즐거움을 느낀다.

따로 ▶ 다 함께 외쳐 봐! 간장 공장 공장장

『간장 공장 공장장』

한세미 글, 대성 그림, 꿈터

익살스러운 그림과 화려한 색감, 재미있는 내용으로 말놀이에 대한 흥미를 불러일으켜, 자연스럽게 새로운 낱말을 접하고 어휘력과 언어 능력을 향상시키는 그림책입니다.

그림책『간장 공장 공장장』을 읽기 전, 유아들과 제목을 보고 내용을 예측해 봅니다. 교사가 그림책을 읽어 주고, 빠른말 놀이 부분이 나오면 유아들이 함께 따라 합니다.

<궁금한 그림책 질문들>

– 책 표지에 어떤 그림이 있나요?

– '간장 공장 공장장'은 무슨 뜻일까요?

– '간장 공장 공장장'이라는 말을 들어 보니 어떤 느낌이 드나요?

– 어떤 내용의 이야기일 것 같나요?

따로 ▶ 토너먼트-발음 왕 뽑기 대회

유아들은 그림책에 나오는 빠른말 놀이를 소리 내어 읽어 보고, 우리 반 '간장 공장 공장장 토너먼트−발음 왕 뽑기' 활동 규칙에 관해 이야기 나눕니다.

<빠른말 놀이 규칙 예시>

1. 웃지 않고 말해요.

2. 도중에 포기하지 않아요.

3. 성공한 경우 다음 단계의 빠른말 놀이에 도전해요.

4. 모든 도전자가 성공하면 함께 다음 단계로 진출할 수 있어요.

이때 발음을 정확하게 하는 것도 중요하지만, 말놀이 자체에 흥미를 갖는 데 중점을 두고 활동합니다. 활동 내용과 규칙을 소개한 뒤 수준별 빠른말 놀이 카드를 비치하여 친구들과도 대결해 볼 수 있도록 합니다. 준비가 끝난 친구는 도전하고 싶은 사람을 선택하여 도전장을 제출합니다. 도전자와 도전을 수락한 유아는 교사와 친구들 앞에서 대결합니다. 친구와 대결하여 이긴 사람은 한 단계 더 높은 과제에 진출할 수 있습니다.

오늘의 말놀이

▶▶ 아직 한글을 읽지 못하는 유아들의 경우, 글의 내용을 녹음하여 들려주세요.
▶▶ 가정과 연계하여 '우리 집 발음 왕 뽑기 대회'를 열어 보고, 집에서 가족과 함께 '오늘의 말놀이'를 큰 소리로 읽어 보아요.

따로 ▶ 칙칙폭폭 끝말잇기 기차

아직 어휘가 풍부하지 않은 유아들을 위해 끝말잇기가 가능한 단어를 그림 카드로 준비하여 그림을 활용한 끝말잇기를 합니다.

끝말잇기에 활용할 그림 카드와 단어 카드를 섞고, 그림과 단어의 짝을 맞춘 유아는 단어·그림 카드를 가져갑니다. 이후 교사가 먼저 제시어를 이야기하면, 유아들은 자신들이 가진 단어·그림 카드 중 해당하는 카드를 함께 찾아 손을 듭니다. 단어·그림 카드를 함께 말한 뒤 앞으로 가져와 끝말잇기 기차에 이어 붙입니다. 사전에 팀을 나누고 팀별로 보너스 카드를 한 장씩 주어, 카드가 없을 때 해당하는 단어를 유아들 스스로 생각해 내고 카드에 적어 끝말잇기 기차에 붙일 수 있게 합니다.

완성된 끝말잇기 기차는 자유 놀이 시간에 제공하여 유아들이 자유롭게 끝말잇기 활동을 할 수 있도록 합니다.

그림과 단어 짝 맞추기

함께 완성하는 끝말잇기 기차

▶▶ '꼬마 선생님'을 선정하고 첫 번째 제시어를 제공하는 역할을 해 볼 수 있어요.
▶▶ 자유 놀이 시간에 신문, 잡지, 광고 전단, 영역 이름표, 과자 봉지 등에서 원하는 단어를 찾아 오리고 이를 보너스 카드로 활용해도 좋아요.
▶▶ 반복적인 끝말잇기 활동으로 끝말잇기가 능숙해지면 쿵쿵따 게임을 활용하여 '세 글자 단어만 가능한 끝말잇기' 등 다양한 규칙을 추가해 단계를 높여 보아요.

또 같이 **형님과 아우는 일심동체! 끝말잇기**

유아들이 그림 카드를 사용한 칙칙폭폭 기차놀이로 끝말잇기 방법을 이해하고 놀이에 익숙해졌다면 1학년 학생과 만나 끝말잇기를 합니다.

모두 함께 둥글게 모여 앉습니다. 이때 초등학생은 짝꿍 유아 옆에 앉습니다. 유아들은 안쪽 원을, 학생들은 바깥쪽 원을 만들어 두 겹으로 둘러앉는 것도 좋습니다. 유아와 초등학생 짝이 한 팀이 되어 머리를 맞대고 단어를 떠올립니다. 짝이 함께 생각한 단어를 말하며 끝말잇기를 이어 갑니다. 만약 유아와 학생 둘 다 적당한 단어를 생각해 내지 못하면, 다른 친구들이나 교사에게 힌트를 얻어 해결합니다. 이를 통해 유아들은 초등학생들과 함께 끝말잇기에 더욱 적극적으로 참여하고 자신감을 가질 수 있습니다.

모두 원으로 둘러앉기

끝말잇기 하기

적절한 단어 고민하기

아이들의 성장

"간장 공장 공장장! 형님들과도 대결해 보고 싶어요."

"우리 집 발음 왕은 아빠예요. 아빠는 어려운 발음도 쉽게 말할 수 있어요."

"보너스 카드로 우리 팀이 단어 왕이 되어 신이 나요."

"짝꿍 형님과 함께 끝말잇기 게임을 해서 재미있었어요."

"동생들도 끝말잇기 잘하네요!"

유·초 이음 TIP | 초등학교의 말놀이 종류

✓ 동두음 말놀이, 끝말잇기, 초성 게임 말놀이를 통하여 다양한 낱말을 익힐 수 있습니다.

✓ 수수께끼나 다섯고개 놀이 같은 말놀이는 사고력과 어휘력을 길러 줍니다.

✓ '시장에 가면~'으로 많이 알려진 말 덧붙이기 놀이, '원숭이 엉덩이는 빨개, 빨가면 사과!'로 이어지는 꽁지따기 말놀이도 초등학교 저학년이 많이 합니다.

숫자 숨바꼭질

(#수) (#수리력) (#수 개념) (#수 놀이)

유아가 생활 속에서 경험하는 기초적인 수학 경험은 논리적 사고 능력 향상과 인지 발달뿐 아니라 일상생활의 다양한 문제를 해결할 수 있게 돕습니다. 여러 수학적 개념 중 숫자는 일상에서 다양하게 사용되므로, 유아들이 생활과 놀이 속에서 자연스럽게 숫자를 활용해 보도록 합니다. 이러한 구체적인 숫자 사용 경험은 숫자에 대한 궁금증과 흥미로 이어질 수 있습니다. 또한 이러한 숫자 관련 활동은 학교에 입학하면 바로 자신에게 부여되는 반, 번호 등에 어색함을 느끼지 않고 숫자와 학교생활에 잘 적응할 수 있도록 도와줍니다. 이와 함께 1학년 1학기부터 배우게 되는 수학 교과서 내용을 어렵게 느끼지 않고 흥미를 가질 수 있게 합니다.

유·초 이음 교육과정 잇기

| 유치원 관련 영역
　자연 탐구 > 생활 속에서 탐구하기 ▶ 물체를 세어 수량을 알아본다.

| 초등 교과 및 성취 기준
　수학 ▶ [2수01-01] 수의 필요성을 인식하면서 0과 100까지의 수 개념을 이해하고, 수를 세고 읽고 쓸 수 있다.

【 따로 】 나에게 소중한 숫자

『Zero 영』
캐드린 오토시 글·그림, 이향순 옮김, 북뱅크

숫자 0은 가운데가 뚫린 자기 모습을 다른 숫자와 비교하며 속상해하고, 다른 숫자처럼 되고 싶어 합니다. 하지만 다른 숫자들이 주는 용기에 결국 모두 나름의 의미가 있고 소중하다는 사실을 깨닫습니다. 그림이 아닌 색깔과 숫자로만 표현된 그림책입니다.

유아들은 그림책 『Zero 영』을 읽고 책에 나오는 숫자 중 자신에게 소중한 숫자 한 가지를 고릅니다. 모루나 미술용 철사 등 잘 구부러지는 재료로 자신이 고른 숫자를 만들어 봅니다. 자신이 만든 숫자를 친구들에게 소개하며 그 숫자가 자신에게 소중한 이유를 소개합니다. 예를 들어 모루로 숫자 4를 만들고 "나는 숫자 '4'가 소중해. 왜냐하면 내 생일이 4월이기 때문이야."라고 말할 수 있습니다.

<생각을 여는 질문들>

– 나를 숫자로 소개할 수 있는 것에는 무엇이 있나요?

: 키, 몸무게, 가족 수, 생일, 기념일 등

– 내가 소중하게 생각하는 것 중 숫자 모양과 비슷한 것은 무엇이 있을까요?

: "목걸이가 0이랑 비슷해요." "안경이 8이랑 비슷해요." "머리카락이 1이랑 비슷해요."

모루로 만든 숫자

나에게 소중한 숫자 소개하기

▶▶ 그림책에서 영(0)이 다른 숫자들을 만나서 어떤 말을 했는지 기억해 볼 때, 숫자를 크게 출력해서 함께 보면
숫자를 쉽게 구별할 수 있어요.

따로 ▶ **편지 배달 놀이**

유아들과 함께 우체부가 어떻게 우리에게 편지나 택배를 배달해 주는지 이야기합니
다. 이때 주소에 사용된 숫자를 살펴보며 숫자의 의미를 알아봅니다. 숫자가 생활 속 다
양한 곳에 사용된다는 사실을 알도록 합니다.

놀이 전 미리 가게 도안에 '중앙로 3'과 같이 주소를 붙입니다. 유치원 주소나 자신의
집 주소를 활용하면 유아들이 조금 더 쉽게 주소와 숫자의 의미를 파악할 수 있습니다.
교사는 도안에 적힌 주소를 라벨지에 출력하여 유아들이 배달할 편지에 미리 붙여 놓습
니다. 유아들이 우체부가 되어 편지에 적힌 주소를 찾아 배달합니다.

편지 배달 환경 구성

편지 배달 놀이

▶▶ '또 같이' 활동으로, 초등학생들이 자신이 받고 싶은 선물과 반, 번호, 이름을 쪽지에 적어 제출해요. 교사는 학생들이 받고 싶어 하는 선물을 준비하고 반, 번호, 이름을 적어요. 유아들이 반, 번호, 이름을 찾아 학생들에게 선물을 배달해요.

또 같이 ▶ 숫자 숨바꼭질

숫자를 활용하여 유아들과 초등학생들이 재미있게 할 수 있는 게임입니다.

먼저, 벽에 붙일 숫자를 준비합니다. 이때 유아들이 숫자를 꾸미거나 써 보면 숫자를 인식하고 기억하는 데 도움이 됩니다. 준비된 숫자를 벽에 붙입니다. 처음에는 교사가 술래가 되어 "꼭꼭 숨어라, 3!"이라고 외치면 유아들이 3이 붙어 있는 곳으로 가 숫자 앞에 위치합니다. 익숙해지면 초등학생이나 유아가 술래가 되어 "꼭꼭 숨어라, 5!" 하고 외치고, 다른 유아들과 학생들은 술래가 말한 숫자에 가서 위치합니다.

숫자 숨바꼭질 환경 만들기

숫자 숨바꼭질 게임

또 같이 ▶ 숫자 보물찾기

유아들과 초등학생들이 교실을 탐색하며 숫자와 비슷한 모양의 물건을 찾아보는 활동입니다.

먼저, 큰 종이에 0에서 9까지 숫자를 씁니다. 그런 다음 유아들과 학생들이 모둠이 되어 교실 안에 있는 다양한 물건을 탐색합니다. 탐색 활동 중 0에서 9까지의 숫자와 비슷한 물건을 발견하면 숫자를 쓴 종이에 올려놓습니다. 활동을 다 마치면 모둠별로 각 숫자에 어떤 물건을 찾아보았는지 나누는 시간을 가지고 서로 비교해 봅니다.

0에서 9까지 숫자 쓰기

교실에서 찾은 숫자 보물

▶▶ 숫자 보물찾기를 게임으로 진행할 수 있어요. 이때 숫자와 비슷한 물건을 형님이 찾으면 1점, 동생이 찾으면 2점으로, 찾은 물건만큼 점수를 준다면 아이들의 흥미를 높이고 동생과 형님이 협력하는 태도를 기를 수 있어요.

▶▶ 가정 연계 활동으로 가정에 있는 물건 중 숫자와 비슷한 물건을 찾고 어디에서 찾았는지 이야기 나누어 볼 수 있어요.

아이들의 성장

"우리 가족은 네 명이라서 4가 소중한 숫자예요."

"번호대로 줄을 서면 편해요."

"동생들이랑 숫자 숨바꼭질 놀이를 하니 정말 재미있었어요."

"다른 곳에서도 숫자 숨바꼭질을 하고 싶어요."

유·초 이음 TIP | 초등학교 1학년 수학 교육과정의 수와 연산 영역

✓ 0에서 9까지의 수는 1학년 1학기에 50까지의 수, 1학년 2학기에 100까지의 수, 2학년 1학기에 세
   자릿수, 2학년 2학기에 네 자릿수로 점차 확장됩니다.

✓ 수를 배운 다음 기초 연산인 더하기와 빼기를 배우며, 일상생활 속의 문제를 해결해 보는 경험을 합
   니다.

모양으로 만든 세상

#수학 놀이   #모양   #도형   #평면 도형

세상은 다양한 모양으로 이루어져 있어, 유아들이 자연스럽게 모양에 관심을 가지고 특징을 익히고 차이점을 비교하며 모양의 속성을 탐구할 수 있습니다. 이때 단순히 모양의 특징을 알고 도형과 연결하여 수학적 용어를 아는 데 그치지 않고, 다양한 도형을 깊이 관찰하고 속성을 생각하며 비교하고 변화시켜 보는 경험을 하면 창의성과 사고력을 키울 수 있습니다.

유·초 이음교육에서 모양 활동은 수학 교과와 연계하여 초등학생들의 도형에 관한 지식을 더 견고히 하고, 유아들도 학생들과 활동하며 자연스럽게 수학적 개념을 배우게 되어 서로에게 학습적인 도움을 줍니다.

유·초 이음 교육과정 잇기

유치원 관련 영역
자연 탐구 > 생활 속에서 탐구하기 ▶ 물체의 위치와 방향, 모양을 알고 구별한다.
자연 탐구 > 생활 속에서 탐구하기 ▶ 일상에서 길이, 무게 등의 속성을 비교한다.

초등 교과 및 성취 기준
수학 ▶ [2수 03-03] 교실 및 생활 주변에서 여러 가지 물건을 관찰하여 삼각형, 사각형, 원의 모양을 찾고, 이를 이용하여 여러 가지 모양을 만들 수 있다.

활동 방법

따로 **내 이름을 지어 줘**

동그라미, 세모, 네모 모양이 있는 그림들을 준비합니다. 유아들은 그림을 보며 각 모양이 가진 특징에 관해 이야기를 나눕니다. 이때는 점, 선, 면, 각 같은 용어에 초점을 두기보다, 다양한 모양이 있고 차이가 있음을 알게 해 흥미를 느끼게 만드는 것이 중요합니다. 수학적 용어를 사용하지 않고, 유아들이 말하는 자연스러운 표현을 사용해 이야기합니다.

또 서로 다른 모양들을 비교해 봅니다. 두 가지 모양의 그림을 보며 각 모양의 공통점과 차이점을 비교하고 특징을 발견합니다. 그런 다음 각 모양의 특징에 어울리는 이름을 지어 줍니다.

각 모양에 이름 지어 주기

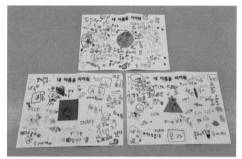

모양 비교하기

따로 **모양 속에 담긴 내 세상**

유아들과 함께 우리 교실에서 보이는 다양한 모양에 관해 이야기를 나눕니다. 모양을 접었을 때 같은 모양이 되는 대칭에 관해 설명합니다. '내 이름을 지어 줘' 활동에서 사용했던 모양 종이를 활용하여 두꺼운 종이에 동그라미, 세모, 네모 모양을 그린 뒤 모양대로 자릅니다. 대칭되어 접어서 자를 수 있는 모양은 유아들이 직접 반으로 접고 가위로 자를 수 있게 지도합니다.

　유아들은 자신이 만든 모양 스텐실을 가지고 바깥으로 나가, 담고 싶은 풍경을 스텐실 카드에 담아 봅니다. 스텐실의 모양에 따라 담긴 풍경의 느낌이 어떻게 다른지 이야기 나눌 수도 있습니다. 자연스럽게 모양을 익히게 되었다면, 교사가 "동그라미 카드로 놀이터의 초록색을 찾아 주세요." 하고 미션을 주어 게임 활동으로 연계할 수 있습니다.

유아들이 만든 스텐실 카드　　　　　　　　스텐실 카드 미션 게임

▶▶ '또 같이' 활동으로 연계할 때는 초등학생들이 다양한 모양의 스텐실 카드를 만들어 주고, 유아들은 초등학생이 만들어 준 스텐실 카드를 이용하여 활동할 수 있어요.

　　따로　　모양으로 만든 나

『파랗고 빨갛고 투명한 나』
황성혜 글·그림, 달그림

처음엔 같은 동그라미지만 색깔들을 만나며 각각 개성을 가진 모습으로 변합니다. 책 마지막 장면에서는 투명 종이를 덮으면 또 다른 새로운 모습이 됩니다. 각자의 경험과 상상에 따른 개성을 모양과 색깔로 표현한 그림책입니다.

　유아들과 그림책 『파랗고 빨갛고 투명한 나』를 함께 읽으며 동그라미는 무엇이 되었는지, 네모는 무엇이 되었는지 이야기 나눕니다. 또, 한 가지 모양을 가지고 책에 나와 있는 모습이 아닌 우리 몸의 무엇을 표현할 수 있을지 이야기 나눕니다.

교사의 지시에 따라 유아들은 흰 종이에 자신을 하나씩 그려 봅니다. "동그라미 두 개로 내 몸을 그려 주세요." "세모 한 개로 내 몸을 표현해 주세요." 유아들은 교사의 지시에 따라서만 그림을 그릴 수 있습니다.

그림이 완성되면 OHP 필름에 더 그리고 싶은 그림을 추가하여, 그림책처럼 OHP 필름을 겹쳤을 때 더 멋진 모습이 될 수 있도록 합니다.

모양으로 만든 나

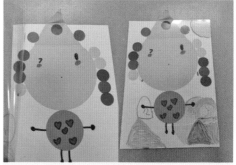

OHP 필름을 덮으면 달라지는 그림

▶▶ 유아들이 모양을 그리기 어려워하면 교사가 다양한 색깔과 크기의 원, 삼각형, 사각형 종이를 준비해 두고 유아들이 자유롭게 자르고 오려서 사용할 수 있어요.

▶▶ 위의 평면 도형 활동을 입체 도형 활동으로 연계할 때는 주변에서 쉽게 구할 수 있는 입체 도형인 상자, 구슬, 장난감 등을 활용하여 나의 모습을 만들어 볼 수 있어요. 마지막 OHP 필름은 상징적인 의미로, 주변에서 자신이 표현하고 싶은 것을 찾아 덧붙여 완성할 수 있어요.

▶▶ 그림책 내용과 활동을 연결하여, 다양한 모양마다 고유한 장점이 있듯이 서로 다름을 존중하는 교육으로 연계할 수 있어요.

또 같이 ▶ 모양 협동화

협동 작품 만들기를 위하여 유아와 1학년 학생을 5~6명씩 묶어 모둠을 구성합니다. 모둠별로 어떤 주제로 협동 작품을 만들지 결정한 뒤 준비한 여러 가지 모양의 색종이를 이용해 주제에 맞는 모양을 만듭니다. 다 완성하면 모둠별로 작품의 제목을 정하고 작품 이름표도 만듭니다.

협동 작품을 만들어 가는 과정을 통해 아이들은 여러 가지 모양이 모여 또 다른 모양이 될 수 있음을 배우게 됩니다.

모양 협동화 작품 (제목 : 바닷가)

아이들의 성장

"동그라미는 부드러운 느낌이 들어요."

"여러 가지 모양이 합쳐져 또 다른 모양이 되는 것이 신기했어요."

"세모, 네모는 뾰족한 것이 있어요."

"만들기 활동할 때 형님들이 도와줘서 고마웠어요."

유·초 이음 TIP | 초등학교 1학년 수학 교육과정의 도형과 측정 영역

✓ 1학년 수학 교육과정에서는 학생들이 일상생활에서 쉽게 볼 수 있는 입체 도형(1학년 1학기)과 평면 도형(1학년 2학기)을 배웁니다.

✓ 도형의 특징 탐색하기, 분류하기, 창의적으로 만들어 보기 활동 등을 합니다.

✓ 1학년 수학에서는 입체 도형 중 ▱, ▯, ◯ 를, 평면 도형에서는 ◯, △, □ 까지 다루고, 그 이상의 도형은 다른 학년에서 배웁니다.

알쏭달쏭
비교 놀이터

(#길이 비교)　(#수학적 사고)　(#측정)　(#자연 탐구)　(#직관적 비교)　(#직접 비교)

유아들은 일상에서 다양한 비교 경험을 합니다. 친구와 등을 맞대고 키를 비교하거나 신발 크기를 비교하기도 하고, 손을 맞대 누구 손이 더 큰지 재 보기도 합니다. 우리에게 너무 익숙해서 수학이라고 느끼지 못하지만, 직접 손과 눈으로 비교해 본 경험은 이후의 수학 측정 영역, 어림을 배울 때 큰 도움이 됩니다. 또한 비교하는 말은 수학적 의사소통의 시작입니다.

실생활 경험을 활용하여 비교 활동을 하면, 비교의 필요성과 양감을 자연스럽게 기를 수 있습니다.

유·초 이음 교육과정 잇기

| 유치원 관련 영역
　신체 운동·건강 > 신체 활동 즐기기 ▶ 신체 움직임을 조절한다.
　자연 탐구 > 탐구 과정 즐기기 ▶ 궁금한 것을 탐구하는 과정에 즐겁게 참여한다.
　자연 탐구 > 생활 속에서 탐구하기 ▶ 일상에서 길이, 무게 등의 속성을 비교한다.

| 초등 교과 및 성취 기준
　수학 ▶ [2수03-06] 구체물의 길이, 들이, 무게, 넓이를 비교하여 각각 '길다/짧다', '많다/적다', '무겁다/가볍다', '넓다/좁다' 등을 구별하여 말할 수 있다.

> 따로 ▶ **자연물 가위바위보**

유아들은 사전 활동으로 재활용품을 활용하여 나만의 개인 채집통을 만들어 보고, 주변 공원이나 숲, 바깥 놀이터 등에서 떨어진 나뭇가지, 열매, 씨앗, 돌, 꽃잎 등 자연물을 수집합니다. 수집이 끝나면 한곳에 모여 앉아 '자연물 가위바위보' 규칙을 이야기합니다. 나란히 앉은 두 명씩 짝을 지어 "가위바위보!"를 외치며 수집한 자연물을 하나씩 냅니다. 긴 자연물을 낸 유아가 이기고, 진 유아는 자신이 낸 자연물을 상대에게 줍니다.

교사는 유아들이 자연물을 비교할 때 어떤 것이 더 길고 짧은지 한눈에 알아보는 '직관적 비교' 외에도, 자연물을 바닥에 놓고 끝부분을 맞추어 비교하는 '직접 비교'도 경험해 볼 수 있도록 지원합니다.

자연물 가위바위보

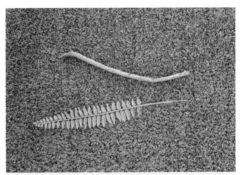

자연물 길이 비교

▶▶ 자연물을 수집할 때는 살아 있는 식물을 꺾거나 함부로 다루지 않도록 주의해요.
▶▶ 주제를 '무거운 자연물 가위바위보'로 바꾸어 무게도 비교해 볼 수 있어요.

> 따로 ▶ **길게, 더 길게**

수집한 자연물을 길게 늘어놓는 활동을 통해 길이를 비교해 볼 수 있습니다.

넓은 장소에 기준선을 그리고, 그 선을 기준으로 유아들이 각자 수집한 나뭇가지, 나뭇잎, 열매, 풀 등 다양한 자연물을 길게 늘어놓아 봅니다. 위의 '자연물 가위바위보' 활동을 통해 친구에게서 가져온 자연물을 더한 뒤, 각각 수집한 자연물끼리 길이를 비교할 수 있습니다. 또한 반 친구들이 함께 수집한 자연물을 모두 합쳐 이어 보고, 친구들과 나란히 누워 우리 반이 수집한 자연물의 길이와 우리 반 친구들의 몸을 합친 길이를 비교할 수 있습니다.

| 자연물 길게 늘어놓기 | 모둠별 자연물 길이 비교하기 |

▶▶ 자연물 외에도 신발, 소지품 등을 넣어 이어도 재미있어요.
▶▶ 수집한 자연물로 '우리 반으로 돌아가는 길 만들기' 활동을 할 수 있어요.
▶▶ 교실 내 블록과 줄넘기 등 다양한 교재 교구를 길게 이은 뒤, 실내에서 길이를 비교해 볼 수 있어요.

또 같이 ▶ 길게 기차, 짧게 기차

유아와 초등학생이 만나 신체 놀이를 통해 길이를 비교해 보는 활동입니다.

먼저, 짝을 지어 다리 찢기 활동으로 길이를 비교합니다. 다리를 더 길게 벌리는 사람이 이깁니다. 두 번째로, 초등학생과 유아 두 명이 몸을 연결하여 어느 팀이 더 길게 만드는지 비교해 봅니다. 바닥에 누워 몸을 연결하는 팀도 있고, 앞서 해 본 다리 찢기로 연결하는 팀도 있습니다. 어떤 방식이든 더 길게 만든 팀이 승리합니다. 끝으로, 전체를 두 팀으로 나눕니다. 유치원팀과 초등학교팀으로 나누어도 되고, 남학생팀과 여학생팀으로 나누어도 좋습니다. 몸을 연결하여 가장 길게 기차를 만들어 봅니다. 반대로 가장 짧은 기차도 만들어 봅니다.

| 다리 찢기로 길이 비교하기 | 가장 긴 기차 만들기 | 가장 짧은 기차 만들기 |

아이들의 성장 •──────

"제가 주운 이 나뭇가지는 정말 길어서 가위바위보를 하면 다 이길 거예요."

"우리가 만든 길이에요. 나뭇가지로 만든 길이 더 길어요."

"와, 동생이 다리 찢기를 잘해서 저보다 더 길어요."

"우리 기차가 길어서 벽까지 손이 닿았어요!"

"짧게 만드니까 지렁이 기차가 되었어요."

유·초 이음 TIP | 초등학교의 비교하기 학습

✓ 비교 방법 중 직관적 비교는 경험이나 시각으로 한눈에 비교하여 판단하는 것이고, 직접 비교는 직접 두 대상을 맞대어 비교하는 것입니다. 간접 비교는 손의 뼘 같은 제3의 대상을 이용하여 비교합니다.

✓ 1학년 1학기 '비교하기' 단원에서는 직관적 비교와 직접 비교만 다루며, 간접 비교는 2학년 1학기 수학에서 학습합니다.

✓ 길이, 들이, 무게, 넓이를 비교할 수 있는 일상 상황을 다루면서, 경험과 활동 중심으로 수업합니다.

어서 와요,
패턴왕국

(#규칙 찾기) (#패턴 만들기) (#명화 감상) (#건강 체조) (#변화와 관계)

여러 형태에서 규칙을 찾아보는 활동은 문제 해결 능력과 수학적 사고력, 추론 능력을 높입니다. 패턴은 유아 수학에서 규칙성을 직관적으로 이해할 수 있는 도구입니다.

비교적 단순한 배열의 패턴을 활용해 규칙을 쉽게 인식하고 활용할 수 있도록 활동을 구성하였습니다. 우리 주변의 물건, 무늬 속에서 패턴을 찾아보는 활동을 통해 일상생활에서 다양한 규칙을 발견할 수 있다는 사실을 깨달을 수 있습니다. 또한 조작 활동과 신체 활동을 통해 규칙성을 익히게 하면, 유아와 1학년 학생들의 흥미를 자극하고 규칙 찾기에 대한 이해를 도울 수 있습니다.

유·초 이음 교육과정 잇기

| 유치원 관련 영역
 신체 운동·건강 > 신체 활동 즐기기 ▶ 신체를 인식하고 움직인다.
 예술 경험 > 예술 감상하기 ▶ 다양한 예술을 감상하며 상상하기를 즐긴다.
 자연 탐구 > 생활 속에서 탐구하기 ▶ 주변에서 반복되는 규칙을 찾는다.

| 초등 교과 및 성취 기준
 수학 ▶ [2수02-01] 물체, 무늬, 수 등의 배열에서 규칙을 찾아 여러 가지 방법으로 표현할 수 있다.
   ▶ [2수02-02] 자신이 정한 규칙에 따라 물체, 무늬, 수 등을 배열할 수 있다.

활동 방법

따로 패턴 드레스 제작소

'기대(expectation)'
_구스타프 클림트 그림

오스트리아 화가 구스타프 클림트의 '기대'는 장식적이고 규칙적인 패턴이 돋보이는 그림입니다. 드레스에는 갈색 세모와 거꾸로 놓인 줄무늬 세모가 번갈아 나타나고, 머리띠에는 네모 모양이, 배경에는 달팽이 모양의 패턴이 반복됩니다.

유아들과 구스타프 클림트의 작품 '기대'를 함께 보며, 패턴이 무엇인지 직관적으로 이해합니다.

그림의 부분과 전체를 교차해 보여 주면서 반복되는 무늬를 찾아봅니다. 교사는 '패턴이란 일정한 모양이나 색깔이 번갈아 규칙적으로 나타나는 것'이라고 유아들에게 설명해 줍니다. 유아들이 입고 온 옷이나 교실의 매트, 벽지에서도 숨어 있는 패턴을 찾아봅니다.

교사는 미리 그림을 인쇄하여 드레스 부분만 오립니다. 이 자료로 '샤메크 블루위' 활동을 합니다. 오려 낸 드레스 틀 안으로 우리 주변의 패턴이 들어가 예쁜 무늬의 드레스가 됩니다. 주변에서 규칙적인 배열을 찾기 힘들다면, 교실의 블록이나 교구로 패턴을 만들어 활동합니다.

<궁금한 명화 감상 질문들>

– 어떤 모양이 보이나요?

– 어떤 색깔이 반복되고 있나요?

– 어떤 모양이 반복되고 있나요?

– 이 사람은 누구일까요?

– 나라면 어떤 모양의 옷을 만들고 싶나요?

 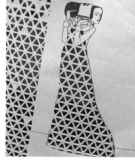 

| 유아의 옷에 있는 패턴 | 공기 청정기에 숨은 패턴 | 블록으로 만든 패턴 |

▶▶ 드레스 입은 사람 얼굴을 유아의 얼굴 사진으로 붙이면 유아들이 더 좋아해요.
▶▶ 가정과 연계하여 패턴이 있는 양말이나 옷을 입고 오면 수업이 더 재미있어요.

또 같이 ▶ 패턴 무도회, 우리 함께 춤을

유아와 초등학생이 모둠별 또는 개인별로 만들고 싶은 동작을 구성합니다. 이때 각자 원하는 동작을 의논하여 결정하고, 사진으로 촬영하여 동작 카드로 만들어 봅니다. 카드에는 동작을 만든 사람의 이름과 동작의 이름을 적습니다.

모둠별로 완성된 동작 카드를 2~3개 선택하고 동작 카드를 자유롭게 조합하여 패턴을 만들어 봅니다. 이 패턴을 여러 번 반복하여 체조를 만듭니다. 이때 순서와 리듬은 모둠

| 함께 만든 동작 카드 | 동작 카드로 패턴 만들기 | 동작 패턴 포스터 |

내에서 자유롭게 정합니다. 모둠별로 만든 체조를 친구들에게 소개하고, 체조 이름과 동작을 설명하는 동영상을 촬영합니다.

또 같이 **우리가 만드는 패턴 다리**

유아들과 초등학생들이 만나 패턴 다리 만들기 게임을 합니다. 교실에 있는 큰 자석 블록이나 색깔 원마커를 활용합니다. 적당한 교구가 없다면 색 도화지, 색종이를 활용합니다.

유아들과 초등학생이 팀을 이루어 어떤 패턴의 다리를 만들지 규칙을 정합니다. 규칙을 정했다면 이 규칙에 맞게 함께 블록을 놓아 다리를 만듭니다. 초록-검정-초록-검정 패턴 다리를 만들 수도 있고, 초록-초록-검정-검정처럼 같은 색을 두 번씩 반복하는 패턴 다리를 만들 수도 있습니다. 패턴 다리가 완성되면 어떤 규칙으로 패턴 다리를 만들었는지 함께 발표합니다. 발표가 끝나면 다 함께 줄을 서 다리를 건너 봅니다.

패턴 다리 연결하기   패턴 다리 건너기

▶▶ 아이들 수가 많으면 팀을 나누어 진행할 수 있어요.
▶▶ 색깔을 규칙적으로 배열해 다리를 만들어야 하는 게임 규칙을 미리 안내해요.

"내가 만든 동그라미가 반복되는 옷이 예뻐요."

"내 양말에는 빨간 세모, 파란 세모, 노란 세모가 순서대로 그려져 있어요."

"함께 만든 체조 말고 나만의 체조도 만들어 보고 싶어요."

"수학 시간에 배운 걸 직접 다리로 만들어 보니 재미있어요."

"패턴 다리를 건널 때 징검다리처럼 아슬아슬했어요."

"내가 만든 패턴 다리 규칙을 동생들이 따라 만드니 뿌듯해요."

유·초 이음 TIP | 초등학교의 규칙성 교육

✓ '2022 개정 교육과정'에서는 규칙성 영역의 명칭이 '변화와 관계'로 바뀌었습니다. 이 영역은 물체와 무늬의 규칙적인 배열로 시작하여, 숫자의 규칙적인 배열 학습으로 이어집니다.

✓ 수 배열표에서 규칙을 찾고, 1씩 커지고 2씩 커지는 등의 규칙에 따라 숫자를 배열할 수 있습니다. 숫자 사이의 다양한 규칙을 찾아보는 활동을 통해 수의 계열성을 알고 수 배열에 대한 추론 능력과 수 감각을 기를 수 있습니다.

✓ 1학년 2학기 수학 '규칙 찾기' 단원에서 초등학생은 우리 주변의 물체와 무늬에서 규칙을 찾고 주도적으로 규칙을 만드는 활동을 합니다.

✓ 변화하는 현상에서 규칙을 찾고 관계를 알아가는 과정은 초등학교 6학년 수학의 비와 비율, 중고등학교 수학의 함수와 그래프로 이어지기 때문에, 규칙성과 관련된 학습 활동은 매우 중요합니다.

4부

마음이 자라요

공동체에서 함께 살아가기 위해서는 자신을 이해하고 다른 사람과 원활한 관계를 맺는 것이 중요합니다. '마음이 자라요'에서는 자기 인식, 감정, 나눔, 협동, 감사 등 사회관계를 돕는 활동을 소개합니다. 자신을 소중하게 여기고 다른 사람과 더불어 살아가는 방법을 익힘으로써 유치원과 초등학교 공동체의 일원으로 성장해 나갈 것입니다.

자기소개
이음스타그램

#소개   #자기 인식   #자기소개   #자신감   #자기 효능감

'자기 인식'이란 내가 어떤 감정을 느끼는지, 무엇을 잘하고 어려워하는지 파악하는 능력입니다. 유아는 성장 과정에서 다양한 경험을 통해 자신을 이해합니다. 자기소개 활동을 준비하면서 스스로에 관해 이해하는 시간을 가지며, 다른 사람 앞에서 발표하는 공식적인 말하기 방법도 연습할 수 있습니다.

유·초 이음교육 시작에 앞서 유아들과 1학년 학생들이 자기소개 활동을 하면 서로를 더 잘 이해하는 계기가 됩니다. 나아가 자기소개 활동을 통해 자신에 대한 이해를 바탕으로 자신감과 자기 효능감을 키울 수 있습니다.

유·초 이음 교육과정 잇기

| 유치원 관련 영역

   사회관계 > 나를 알고 존중하기 ▶ 나를 알고 소중히 여긴다.
   의사소통 > 듣기와 말하기 ▶ 자신의 경험, 느낌, 생각을 말한다.

| 초등 교과 및 성취 기준

   국어 ▶ [2국01-04] 자신의 경험이나 생각을 바른 자세로 발표한다.
   통합 > 사람들 ▶ [2즐01-03] 가족이나 주변 사람과 소통하며 어울린다.

활동 방법

따로 난 내가 좋아!

『난 내가 좋아!』
낸시 칼슨 글·그림, 신형건 옮김, 보물창고

다른 사람의 시선에 아랑곳하지 않고 자신을 즐겁게 만드는 일을 하고, 자신의 현재 모습을 좋아하며, 스스로를 일으켜 세우는 주인공을 통해, '있는 그대로의 나'를 알고 사랑하는 이야기를 담은 그림책입니다.

자신을 사랑하는 주인공 돼지 소녀를 통해 '나'에 관해 생각해 보는 활동입니다.

그림책을 읽고 주인공 돼지가 어떤 일을 즐거워하는지, 어떤 모습을 좋아하는지 이야기를 나눕니다. 유아들 모두 그림책 속 주인공이 되어 '내가 좋아하는 나의 모습'을 생각해 보고, 돌아가며 이야기합니다. 이야기한 문장들을 모아 만든 그림책 '내가 좋아하는 나의 모습'을 통해 자신을 이해하고 사랑하는 방법을 나눌 수 있습니다.

<궁금한 그림책 질문들>

– 주인공 돼지가 즐거워하는 일은 무엇일까요?

– 주인공 돼지가 좋아하는 자기 모습은 무엇일까요?

– 나를 즐겁게 하는 일에는 어떤 것이 있을까요?

– 내가 좋아하는 내 모습은 어떤 모습인가요?

– 거울을 보며 스스로에게 어떤 말을 해 주고 싶은가요?

따로 이음스타그램

이음스타그램은 유아들이 좋아하는 캐릭터, 색깔, 음식, 놀이, 동물, 장소 등의 사진을 모아 콜라주하여 자신을 시각적으로 소개하는 활동입니다.

유아들은 종이 위에 자신이 좋아하는 것들을 찢고 자르고 붙여 사진첩을 만듭니다. SNS 사진틀을 이용하여 이음스타그램을 만든 뒤, 마치 SNS를 하는 것처럼 자신이 좋아하는 것을 소개합니다. 이음스타그램 활동지를 벽면이나 복도에 전시하면, 우리 반 친구들이 좋아하는 것들로 담벼락(피드)이 완성됩니다.

이음스타그램 담벼락   '이음스타그램! 누구일까요?' 퀴즈

▶▶ 미리 SNS 사진틀을 창의적으로 수정한 자료를 준비해요.
▶▶ 다양한 사진(캐릭터, 색깔, 음식, 놀이, 동물, 장소 등)과 스티커 자료를 준비해요.

따로 ▶ **나를 맞혀 봐 '진짜, 진짜, 가짜'**

학기 초나 생일처럼 특별한 날, 주인공이 되어 나에 관해 퀴즈를 내고 친구들과 맞혀 보는 자기소개 활동입니다.

유아들이 스스로 문제를 내기 어렵거나 글로 쓰기 어렵다면, 간단히 그림을 그리거나 교사 또는 초등학생들이 도와 문제를 만듭니다. 진진가 게임을 변형하여 "나는 토끼를 좋아한다. 진짜일까요? 가짜일까요?"라고 묻고, 친구들이 OX 판을 들어 문제를 맞혀 봅니다. 주인공은 친구들이 든 판을 확인한 뒤 정답을 말합니다. 정답을 가장 많이 맞힌 친구에게 우정 메달을 선물합니다.

'진짜, 진짜, 가짜' 퀴즈

OX 판을 이용한 퀴즈 풀기

또 같이 ▶ 동생반, 형님반에 보내는 자기소개

유아들과 초등학생들이 서로 자기소개를 교환하는 활동입니다.

아이들 각자 자신의 이름, 나이, 좋아하는 것, 잘하는 것 등 상대방에게 나에 관해 알리고 싶은 내용을 종이에 적습니다. 자기소개 교환은 우편이나 택배를 이용하거나 직접 가져다 줄 수 있습니다. 우편은 정성 담긴 작품의 실물을 만나는 장점이 있으나, 2~3일 정도 시간이 걸리고 다시 받기 어렵거나 잃어버릴 수 있는 단점이 있습니다. 한편, 작품을 스캔하여 전송하면 보내는 즉시 읽거나 볼 수 있는 장점이 있고, 분실 염려가 없습니다. 실물을 보지 못하는 점은 아쉽지만 아이들의 소개 작품을 e-book으로 편집하고(북크리에

학급 사진과 자기소개 자료

북크리에이터를 활용한 자기소개 자료

▶▶ 글로 된 소개보다는 그림과 단어로 소개해요.
▶▶ 북크리에이터 프로그램을 활용해 e-book 형태로 보낼 수 있어요.

이터 프로그램 활용) 서로의 목소리를 녹음하여 보낼 수 있습니다.

자기소개뿐 아니라 서로를 응원하는 말, 들려주고 싶은 이야기를 추가로 적어 보내면 더 풍성한 교환 자료가 됩니다.

아이들의 성장

"내가 토끼를 좋아한다고 하니까 친구가 토끼를 그려 줬어요."

"친구들 앞에서 이야기하는 것이 떨렸어요."

"내 소개를 동생들에게 들려준다니 떨렸어요."

"못하는 것보다 잘하는 것을 소개하고 싶어요."

"유치원 동생들이 나와 비슷한 것을 좋아해서 신기했어요."

유·초 이음 TIP | 초등학교의 자기 인식 교육

✓ '2022 개정 교육과정'의 여섯 가지 핵심 역량은 자기 관리 역량을 포함하여, 지식 정보 처리 역량, 창의적 사고 역량, 심미적 감성 역량, 협력적 소통 역량, 공동체 역량입니다.

✓ '자기 관리 역량'은 누리과정에서 말하는 자기 인식에서 한 발 더 나아가, 목표 설정과 시간 관리, 감정 조절, 건강 관리, 위험 관리와 안전한 생활을 포함합니다.

✓ 자기 인식은 글과 그림으로 자신을 표현하고, 자기에 대한 이해와 함께 상대방을 존중하고 배려하는 힘을 키우며, 학교와 일상생활에 긍정적이고 즐겁게 참여할 수 있게 합니다.

감정 무지개

(#기본 감정)　(#감정 인식)　(#감정 수용)　(#감정 표현)　(#감정 조절)

감정은 어떤 현상이나 일에 대해 일어나는 마음이나 느끼는 기분을 말합니다. 미국의 심리학자 폴 에크먼(Paul Ekman)은 인간의 기본 감정을 기쁨, 슬픔, 분노, 두려움, 혐오, 놀람으로 분류하였습니다. 자신의 감정을 알고 다양한 상황에서 적절하게 표현하는 것은 긍정적인 자아 존중감을 기르고 더불어 사는 데 중요한 역할을 합니다.

유·초 이음교육에서는 아이들이 느끼는 감정에 이름을 붙이거나 색으로 나타내면서 감정을 건강하게 표현하는 방법을 배웁니다. 유치원과 초등학교의 감정 관련 활동을 연계하여, 전환기에 겪을 수 있는 감정적 어려움을 해결하는 데 도움을 줍니다.

유·초 이음 교육과정 잇기

| 유치원 관련 영역
　사회관계 > 나를 알고 존중하기 ▶ 나의 감정을 알고 상황에 맞게 표현한다.
　의사소통 > 듣기와 말하기 ▶ 자신의 경험, 느낌, 생각을 말한다.
　예술 경험 > 창의적으로 표현하기 ▶ 다양한 미술 재료와 도구로 자신의 생각과 느낌을 표현한다.

| 초등 교과 및 성취 기준
　국어 ▶ [2국01-04] 자신의 경험이나 생각을 바른 자세로 발표한다.
　　　▶ [2국01-02] 바르고 고운 말로 서로의 감정을 나누며 듣고 말한다.
　통합 > 사람들 ▶ [2슬01-03] 가족이나 주변 사람에게 관심을 갖고 함께 살아가는 모습을 탐구한다.

> **따로** ▶ 네 기분은 무슨 색깔이니?

『**컬러 몬스터-감정의 색깔**』
아나 예나스 글·그림, 김유경 옮김, 청어람아이

기쁨, 슬픔, 화, 무서움, 평온함 등 다섯 가지 감정을 색깔로 표현하여, 아이들
이 직관적으로 감정을 이해할 수 있게 한 그림책입니다.

유아들과 함께 그림책『컬러 몬스터－감정의 색깔』을 감상하고, 다양한 상황에서 느끼
는 감정에 관해 이야기해 봅니다. 상황에 따라 변하는 컬러 몬스터의 몸 색깔이 주는 느
낌과 떠오르는 감정을 이야기합니다.

색깔을 도화지에 가득 채워 그려 보거나, 색종이를 이어 붙여 봅니다. 컬러 몬스터가
되었다고 생각하고 자신의 몸을 도화지나 색종이로 감싸 보고, 나타내고 싶은 감정을 말
이나 그림으로 표현합니다. 컬러 몬스터와 다른 생각이나 느낌이 들 수도 있으므로 교사
는 유아들이 색깔에서 느껴지는 여러 감정을 표현할 수 있도록 격려합니다.

<궁금한 그림책 질문들>

－ 기쁠 때 가고 싶은 곳이 있어요?

－ 슬플 때는 누가 생각나요?

－ 무서울 때 표정은 어때요?

－ 언제 화가 나요? 화가 날 때 어떻게 표현해요?

▶▶ 그림책 작가의 홈페이지(http://www.annallenas.com)에서 컬러 몬스터 캐릭터 도안을 다운받아 활용할 수 있어요.

▶▶ 다양한 재료를 활용한 독후 활동을 통해 색깔과 감정을 마음껏 표현하고 표출해 볼 기회를 제공해요.

따로 ▶ 색 스카프로 감정 표현하기

여러 가지 색깔의 스카프를 나누어 가지고, 자신이 원하는 방법으로 스카프를 탐색하고 감정을 표현하는 활동입니다.

둥글게 모여 앉은 뒤, 교사가 제시하는 그림책『컬러 몬스터–감정의 색깔』의 장면과 같은 색 스카프를 가진 유아들이 가운데로 나옵니다. 움직이는 공간을 고려하여 같은 색 스카프를 가진 유아는 4~5명 정도로 합니다. 감정 색깔과 어울리는 노래를 들으며 스카프로 자유롭게 표현해 봅니다. "기쁠 때 손은 어떻게 움직이면 좋을까요?" "화가 날 때 발은 어떻게 해요?" 감정에 따라 동작도 다르게 표현할 수 있도록 발문합니다. 스카프 색을 바꿔 활동해 보면서 다양한 감정을 몸으로 표현해 봅니다.

색 스카프 탐색하기

그림책 장면 표현하기

▶▶ 스카프 활동에 활용할 수 있는 감정을 나타내는 음악 예시
- 기쁨 : 비발디 '사계' 중 '봄 1악장', 동요 '우리 집은 웃음바다'
- 슬픔 : 드뷔시 '달빛', 동요 '섬집 아기', 동요 '개똥벌레'
- 화남 : 비발디 '사계' 중 '여름 3악장', 동요 '그러면 안 돼', 동요 '그냥 두고 나갔더니'

감정 꽃이 피었습니다

'무궁화 꽃이 피었습니다'를 변형하여 '감정 꽃이 피었습니다' 놀이를 합니다. 술래는 '감정 꽃' 부분에 기쁨, 슬픔, 두려움, 화남, 놀람 등 여러 가지 감정을 넣어 외치고, 나머지 아이들은 술래가 말한 감정을 표정이나 동작으로 표현하며 멈춥니다. 아이들과 함께 활동 규칙을 추가하거나 변경할 수 있습니다.

아이들의 표정과 동작이 담긴 사진을 남겨, 정리 활동으로 퀴즈를 내거나 감정 포스터를 만드는 활동을 추가할 수 있습니다.

감정 꽃 연습

'감정 꽃이 피었습니다' 놀이

▶▶ 동작으로 표현하기 어렵다면 표정으로 나타낼 수 있어요.
▶▶ '감정 꽃이 피었습니다' 놀이를 하기 전 제자리에서 감정을 하나씩 표현하는 연습을 해 봐요.

또 같이 ▶ 학교 이야기가 담긴 감정 카드

1학년 학생들은 유아들을 위해 기쁨, 슬픔, 놀람, 화남 등의 감정이 느껴지는 다양한 교실 상황을 그림과 글로 표현한 감정 카드를 만듭니다. 예를 들어 '기쁨' 카드에는 칭찬받을 때, 줄넘기를 잘했을 때, 발표를 잘했을 때처럼 기쁜 상황을 그립니다.

유아들은 초등학생들이 만들어 준 감정 카드를 가지고 감정 이어 말하기, 비슷한 경험 말하기, 그림 보고 감정 맞히기 등 다양한 놀이를 합니다. 초등학교에서 느낄 수 있는 감정들을 이해하고, 유치원과 다른 학교 교실 상황을 간접적으로 경험할 수 있습니다.

1학년이 만든 감정 카드

감정 카드 놀이

▶▶ 다양한 역할극 상황을 사진으로 표현해 만화처럼 카드를 만들 수도 있어요.
▶▶ 유치원과 학교 외의 장소에서 겪은 비슷한 상황을 발표해 보며 다양한 감정을 익혀요.

아이들의 성장

"감정에 이름이 있다는 것을 알게 되었어요."

"감정 꽃 놀이를 할 때 친구들 표정이 재미있어요."

"감정 스카프로 표현하니 정말 감정에 색이 있는 것 같아요."

"학교에서도 유치원과 비슷한 상황이 있다는 것을 알게 되었어요."

"친구가 기쁠 때, 나도 기뻤던 경험이 있어요."

유·초 이음 TIP | 초등학교 국어 교과의 마음 표현

✓ 초등학교 국어 교과에서는 의사소통 역량을 키우기 위하여 경청과 존중, 배려와 공감, 이해와 표현
의 역량 요소를 다룹니다.

✓ 듣는 사람을 배려하며 자기 생각이나 느낌을 표현하는 방법을 배우고, 대화에서 듣는 사람을 생각
하며 자신의 기분을 말하는 활동을 합니다.

친구랑
우정 놀이터

#친구   #관계   #우정   #다름   #존중

'관계 기술'이란 건강한 관계를 유지하는 능력을 의미합니다. 새롭게 만나는 다양한 사람들과의 관계는 사회성을 키워 줍니다. 아이들은 남을 배려하고 경청하는 활동, 다른 사람과 협력하는 활동, 의사소통하는 활동을 통해 또래 관계를 배웁니다. 공통점을 가진 친구뿐 아니라 차이점을 가진 친구와도 만나 다양한 경험을 하는 것이 또래 관계에 큰 도움이 됩니다.

발달 특성상 새로운 친구와 친하게 지내면서도 자기중심적인 사고와 행동으로 충돌이 생기기 쉬운 시기이므로, 유·초 이음교육에서 함께하는 놀이를 통해 친구를 이해하고 수용하며 사이좋게 지내는 태도를 키울 수 있습니다.

유·초 이음 교육과정 잇기

| 유치원 관련 영역
  사회관계 > 더불어 생활하기 ▶ 친구와 서로 도우며 사이좋게 지낸다.
  사회관계 > 더불어 생활하기 ▶ 친구와 어른께 예의 바르게 행동한다.

| 초등 교과 및 성취 기준
  통합 > 학교 ▶ [2바01-01] 학교생활 습관과 학습 습관을 형성하여 안전하고 건강하게 생활한다.
         ▶ [2즐01-01] 즐겁게 놀이하며, 건강하고 안전하게 생활한다.

활동 방법

> **따로** ▶ 어떤 친구가 되고 싶어?

『친구란 뭘까?』
조은수 글, 채상우 그림, 한올림어린이

유아들이 친근하게 생각하는 사자, 부엉이, 고슴도치, 펭귄 등 동물들의 다정한 친구 이야기를 통해 나에게 좋은 친구는 누구인지, 어떤 행동을 하는 친구인지 생각해 볼 수 있는 그림책입니다.

그림책 표지의 동물을 보고 어떤 관계인지, 왜 그렇게 생각하는지 이유를 물으며 흥미를 유발합니다. 유아들이 유치원 생활과 경험을 바탕으로 친구와의 추억이나 기억을 충분히 떠올리도록 합니다.

그림책을 읽으며 주인공으로 등장하는 동물들의 모습과 대화를 자세히 살펴보고, 비슷한 경험을 자유롭게 이야기합니다. 가장 좋았던 동물 친구, 내가 되어 보고 싶은 동물 친구를 생각해 보고 그것을 그림이나 글자로 표현합니다.

<궁금한 그림책 질문들>

– 친구란 무엇이라고 생각하나요?

– 가장 마음에 드는 장면은 무엇인가요?

– 친구랑 즐거웠던 일, 기억에 남는 일이 있어요?

– 그림책 장면 속에서 친구에게 해 주고 싶은 것이 있나요?

– 나는 어떤 친구가 되고 싶어요?

다양한 소품을 활용하여 배경을 꾸미고, 친구들과 다정하고 사이좋은 모습을 사진으로 남겨 전시하는 활동입니다.

유아들은 '최고', '힘내', '멋져', '사랑해' 등 친구와 함께 나타내면 좋을 주제 카드를 미리 준비하고 포즈를 연습해 봅니다. 토이 카메라와 가랜더, 배경, 가발, 머리띠, 선글라스 등의 소품으로 '우정 사진관'을 풍성하게 꾸밉니다. 친구들과 함께하는 다정하고 사이좋은 모습, 좋은 말로 친구를 응원하는 모습을 담은 사진을 모아 '우정 사진전'을 엽니다.

주제 카드에 맞춰 포즈 연습하기

소품 활용해 사진 찍기

▶▶ 친한 친구랑만 찍기보다는 모둠, 전체 등 다양한 구성으로 사진을 찍어 보아요.
▶▶ 가정에서 소품이나 옷을 준비해 오면 더 즐거운 우정 사진관을 만들 수 있어요.

또 같이 　 단어로 표현하는 친구

다양한 낱말 카드를 이용해 친구를 표현해 보는 활동입니다.

동물, 식물, 음식 등 여러 가지 낱말 카드를 준비하고, 카드를 뽑아 떠오르는 친구를 이야기해 봅니다. 예를 들어 '장미' 카드가 나왔다면, 장미의 특징과 비슷한 친구 이름을 함께 이야기하고 그 이유를 설명합니다. "○○는 장미야. 왜냐하면 마음이 장미처럼 예뻐서 친구를 잘 도와주기 때문이야."와 같이 이야기합니다.

친구가 이야기를 마치면 친구를 칭찬하는 말과 함께 자신의 발표를 시작합니다. 친구에 관해 더 알아 가고 비유하여 표현하는 활동을 통해 긍정적인 교우 관계를 형성할 수 있습니다.

낱말 카드

단어를 보고 떠오르는 친구 말하기

또 같이 ▶ 우정 놀이터

친구와 함께할 수 있는 놀이를 골라 '우정 놀이터'를 열어 봅니다.

유아들과 1학년 학생들이 서로 만나서 하고 싶은 놀이를 생각해 봅니다. 다양한 놀이 중 우정에 초점을 두고 같이 하면 더 좋은 놀이를 찾아봅니다. 비눗방울 놀이, 야광 도구를 이용한 빛 놀이, 술래잡기, 보드게임, 블록 놀이 등 다양한 놀이 중 두세 가지를 정합니다. 시간과 방법을 의논하고, 필요한 도구가 있다면 미리 사 두거나 비치된 것을 활용

비눗방울 놀이

야광 도구를 이용한 빛 놀이

합니다. 1학년 학생들과 만날 시간과 장소를 정하고, 놀이할 때 지켜야 할 규칙을 글이나 그림으로 표현해 봅니다. 이런 만남을 통해 다양한 사람들과의 관계를 배우고, 친구를 이해하고 사이좋게 지내는 방법을 익힐 수 있습니다.

아이들의 성장

"친구랑 사이좋게 지내는 게 우정이에요."

"친구랑 사진 찍으니까 더 친해진 것 같아요."

"또 우정 놀이터를 열어 함께 놀고 싶어요."

"동생들에게 친구를 사귀는 방법을 더 알려 주고 싶어요."

유·초 이음 TIP | 초등학교의 교우 관계

✓ 초등학교에서 처음 만나는 친구 중 가장 먼저 친해질 수 있는 친구는 짝꿍입니다. 1학년 수업에서 '놀이'는 짝 활동에서 시작하여 점차 학급 활동으로 확장됩니다.

✓ 낯선 환경에 새롭게 적응하느라 친구 관계를 형성하기 어려울 수 있으므로, 담임 선생님들은 학기 초 아이들의 교우 관계를 신경 써서 지도합니다.

똑똑똑,
고민 상담소

(#고민)　(#걱정)　(#고민 상담)　(#문제 해결)

　친구, 가족 관계, 새로운 환경, 신체나 외모 등 아이들도 여러 고민을 가지고 있습니다. 유치원 생활과 적응, 초등학교 입학처럼 새로운 환경으로의 변화는 아이들의 긴장과 불안을 높입니다.

　유·초 이음교육에서는 고민 상담소를 열어 또래와 함께 고민을 털어놓고 해결하는 방법을 찾아가 봅니다. 고민을 들어 주고 해결해 주며, 경청하고 배려하는 습관과 문제 해결력도 키울 수 있습니다. 유사한 발달 단계에 있는 1학년 학생들과 이음 활동을 통해 함께 고민을 나누는 것은 긍정적인 교우 관계를 형성하고 서로 돕는 좋은 기회가 됩니다.

유·초 이음 교육과정 잇기

| 유치원 관련 영역
　사회관계 > 나를 알고 존중하기 ▶ 나의 감정을 알고 상황에 맞게 표현한다.
　의사소통 > 듣기와 말하기 ▶ 자신의 경험, 느낌, 생각을 말한다.

| 초등 교과 및 성취 기준
　통합 > 사람들 ▶ [2바01-03] 가족이나 주변 사람을 배려하며 관계를 맺는다.
　　　　　 ▶ [2슬01-03] 가족이나 주변 사람에게 관심을 갖고 함께 살아가는 모습을 탐구한다.
　　　　　 ▶ [2즐01-03] 가족이나 주변 사람과 소통하며 어울린다.

따로 ▶ 고민이 있어요!

『고민 식당』

이주희 글·그림, 한림출판사

'고민 식당'은 고민거리가 있는 사람만 메뉴를 주문할 수 있는 특별한 규칙을 가진
식당입니다. 아이들의 고민을 듣고 고민을 해결할 수 있는 음식을 추천해 주는 그
림책입니다.

그림책 표지를 보며 무슨 이야기일지 추측해 보고, 고민이 무엇인지에 관해 유아들의
생각을 들어 봅니다. 책 속에서 고민이 있는 아이의 모습을 자세히 살펴보며, 주인공들이
어떤 고민을 하고 있을지 상상해 봅니다. 아이들의 고민을 해결하기 위한 식당 메뉴들을
생각하며 그림책을 함께 읽습니다. 기억에 남는 고민과 그 고민을 해결해 주는 음식을
떠올려 봅니다.

<궁금한 그림책 질문들>

– 고민이란 무엇일까요?

– 고민해 본 적이 있어요? 어떤 고민이었어요?

– 고민할 때 어떤 마음이 드나요?

– 이 아이에게는 어떤 고민이 있을까요?

– 고민을 어떻게 해결하면 좋을까요?

따로 ▶ 고민 식당을 열어요

유아들이 '고민 카드'에 자신의 고민을 글이나 그림으로 표현합니다. 고민이 생각나

지 않는다면 그림책『고민 식당』에 나온 고민 중 한 가지를 고를 수도 있습니다. 고민 카드를 완성하면 둥글게 둘러앉아 고민 카드에 쓴 내용을 돌아가며 이야기합니다. 유아들은 친구의 고민을 듣고 만들어 주고 싶은 음식을 생각해 봅니다. 고민을 해결할 수 있는 음식을 클레이로 만듭니다. 고민 카드와 해결 음식을 전시하여 고민 식당을 엽니다.

간판, 음식, 요리사 모자, 테이블, 의자 등을 준비하여 고민 식당 놀이를 위한 공간을 꾸밉니다. 요리사, 직원, 손님 등 역할을 나누고 역할마다 할 일을 정합니다. 고민이 있는 유아는 손님이 되어 고민 식당을 방문하고 고민을 해결해 봅니다. 고민 식당을 방문하고 난 뒤의 기분이나 고민이 해결된 이야기를 나누어 볼 수 있습니다.

고민 식당

고민 식당에서 만든 음식들

▶▶ 고민 식당을 유치원 전체에 홍보하고, 다른 반과 다른 연령으로 놀이를 확대해요.
▶▶ 고민 해결 음식에 제목을 붙이고 음식 전시회를 열어요.

또 같이 ▶ 고민 해결사

유아들이 평소 일상생활에서 고민하는 것들에 관해 이야기를 나눠 봅니다. 교사는 다양한 주제가 나올 수 있도록 질문을 이끕니다. 유아들이 고민하는 내용을 활동지에 표현해 봅니다. 그림과 글 중 유아가 편한 방법을 선택하고, 그림만 그린 경우에는 1학년 학생들이 고민을 읽어 보고 해결 방법을 적을 수 있도록 교사가 간단하게 유아의 고민을 써 주면 좋습니다.

유아들의 고민이 담긴 고민 편지를 1학년 학생들에게 보내어 고민 해결 방법을 써 보게 합니다. 고민 편지가 완성되면 초등학생들은 유치원을 직접 방문하여 편지의 주인을 찾아 전달합니다. 고민 편지를 함께 읽으며 소통해 볼 수 있습니다.

고민 편지

1학년 학생과 유아의 고민 편지 교환하기

▶▶ 단설이나 사립 유치원처럼 편지를 직접 전달하기 어려운 경우 우편이나 온라인을 이용해요.
▶▶ 화상 회의 프로그램을 활용한다면, 유아들이 한 명씩 돌아가며 자신의 고민을 이야기하고 1학년 학생들이 고민 해결 방법을 이야기해요.

아이들의 성장

"고민 식당에 가서 고민을 이야기해서 좋았어요."

"친구의 고민을 듣고 음식을 만들어 주는 게 재미있었어요."

"동생들의 고민을 해결해 줄 수 있어 뿌듯했어요."

"비슷한 고민을 가진 친구를 만나니 신기했어요."

유·초 이음 TIP | 초등학교의 고민 나눔 활동

✓ 통합 교과 '사람들' 단원 중 '고민을 들어 봐요'에서 고민을 나누는 내용을 다룹니다. 고민 이야기하기, 카드 만들기, 모으기 활동으로 구성되어 있습니다.

✓ 유아기의 자기중심적인 사고에서 벗어나 점차 가족이나 주변 사람에 관심을 갖고, 함께 살아가는 모습에 관심을 가지며 사고를 확장해 나갑니다.

✓ 초등학교 특별실 중 상담실(위클래스)에서는 상담 선생님이 운영하는 다양한 행사와 상담 수업이 진행됩니다. 상담을 신청하면 또래 상담이나 개별 상담을 받을 수 있습니다.

안녕하세요!
인사 챌린지

(#반가움)　(#만남)　(#예의)　(#인사)

　인사는 다른 사람과 소통하고 관계를 형성하는 사회적 상호 작용에서 매우 중요한 역할을 합니다. '안녕하세요! 인사 챌린지'를 통해 인사의 의미를 생각하며 바르게 표현하고, 사회적 관계 속에서 가장 기본이 되는 예절을 배울 수 있습니다. 인사법은 사회·문화적 배경과 상황에 따라 달라집니다. 유아들은 자신의 반가움을 표현할 수 있는 자신만의 인사 방법을 찾아보고 인사해 보는 경험을 통해 바른 인사말과 방법을 깨닫게 됩니다.

　유·초 이음 교육에서는 예의를 표현하는 가장 기본적인 인사를 다양한 방법으로 해 보면서 친밀감과 소속감을 형성하는 즐거운 경험을 할 수 있습니다.

유·초 이음 교육과정 잇기

┃ 유치원 관련 영역
　사회관계 > 더불어 생활하기 ▶ 친구와 어른께 예의 바르게 행동한다.
　의사소통 > 듣기와 말하기 ▶ 고운 말을 사용한다.

┃ 초등 교과 및 성취 기준
　국어 ▶ [2국01-02] 바르고 고운 말로 서로의 감정을 나누며 듣고 말한다.
　통합 > 사람들 ▶ [2바01-03] 가족이나 주변 사람을 배려하며 관계를 맺는다.
　　　　　　 ▶ [2즐01-03] 가족이나 주변 사람과 소통하며 어울린다.

활동 방법

> **따로** 인사가 세상을 바꿔요

『인사를 나눠 드립니다』
이한재 글·그림, 킨더랜드

주인공 민철이 밝게 인사하자 어둡던 그림 색깔이 알록달록 변하고 무뚝뚝하던 사람들의 표정이 환하게 바뀌는 것을 보여 주며, 인사의 의미와 중요성에 관해 이야기하는 그림책입니다.

유아들과 함께 그림책 『인사를 나눠 드립니다』를 읽고 인사의 의미와 중요성에 관해 이야기를 나눕니다. 엘리베이터 안, 아파트, 학교에서 어떤 인사를 할 수 있을지 함께 생각해 봅니다. 함께 나누고 싶은 인사말을 라벨지에 프린트해서 예쁘게 꾸미고, 친구들과 선생님들에게 직접 만든 인사말 스티커를 붙이며 인사를 나누어 봅니다.

인사말 스티커

인사말 스티커 붙이며 인사 나누기

\<궁금한 그림책 질문들\>

– 사람들의 얼굴이 왜 어두운 검은색일까요?

– 사람들의 얼굴 색깔이 어떻게 바뀌었나요? 왜 그랬을까요?

– 사람들의 표정이 어떻게 바뀌었나요? 왜 표정이 바뀌었을까요?

– 인사는 사람들의 기분을 어떻게 바꿀까요?

따로 세계 여러 나라의 인사

동요 '세계의 아침 인사'를 배워 불러 봅니다. 나라마다 여러 가지 인사말이 있고, 말뿐 아니라 다양한 동작과 방법이 있음을 알 수 있습니다. 옆에 있는 친구와 직접 세계의 다양한 인사를 해 봅니다.

유아들을 두 팀으로 나누고, 한 팀은 세계 여러 나라 인사법이 그려진 머리띠를 씁니다. 머리띠를 한 친구들이 둥글게 서고, 그 앞에 다른 팀 친구들이 둥글게 섭니다. 한 명씩 돌아가면서 인사법에 따라 인사를 해 봅니다. 팀 역할을 바꾸어 다시 해 볼 수도 있습니다. 그 나라의 인사법을 자연스럽게 할 수 있다면, 머리띠를 바꾸어서 다른 나라의 인사를 해 봅니다. 여러 나라의 인사법을 외우는 것이 목적이 아니며, 다양한 인사법이 있음을 아는 것에 의의가 있습니다.

세계 여러 나라 인사 게임

따로 나만의 인사 이름표 만들기

1학년 학생들을 만났을 때 어떤 방법으로 인사하면 반가움을 표현할 수 있을지 생각하며, 동작과 인사말을 함께 만듭니다. 유아들이 인사 방법을 스스로 선택하게 합니다. 개인 성향에 따라 동작이나 인사말 중 한 가지만 정할 수도 있습니다.

각자 인사 방법을 정하면 교사는 초등학생들이 유아를 만났을 때 인사 방법을 알 수 있도록 유아의 이름표에 인사 방법을 적어 줍니다. 초등학생을 만나기 전, 유아들은 자신이 정한 인사 방법에 익숙해지도록 친구들과 함께 인사 연습을 합니다.

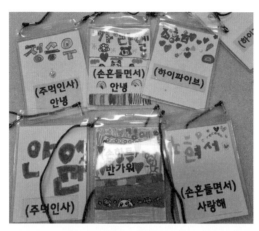

나만의 인사 이름표

또 같이 ▶ **안녕하세요! 인사 챌린지**

유아들은 자신의 이름과 인사 방법이 적힌 이름표를 준비합니다. 1학년 학생들은 유아들 이름표에 붙여 줄 자신의 이름을 라벨지에 적습니다. 학생들은 자유롭게 교실을 돌아다니며, 마주치는 유아의 이름표에 적혀 있는 인사 방법으로 인사합니다. 인사한 학생은 자신의 이름 라벨지를 인사 나눈 유아의 이름표 뒤에 붙여 줍니다.

교사는 소극적인 유아도 인사 챌린지 활동에 참여하도록 돕습니다. 함께 배웠던 동요를 배경음악으로 틀면 한층 편안하고 자연스러운 분위기를 만들 수 있습니다.

인사 챌린지 이름표 소개

인사 챌린지 활동

▶▶ 직접 만남이 어려운 경우 화상 회의 프로그램을 활용해 PPT로 인사말과 방법을 소개하고, 유아들과 1학년 학생들 간의 인사 챌린지 활동을 진행할 수 있어요.

아이들의 성장

"형님들이랑 같이 놀고 싶어요."

"형님들 이름을 이렇게 많이 모았어요. 만나면 인사할 거예요."

"이름이 비슷한 형님들도 있어요."

"다음에 동생들을 만나면 이렇게 인사하고 싶어요."

"언제 동생들을 또 만나요?"

유·초 이음 TIP | 초등학교 통합 교과의 '사람들' 단원

✓ 학생들은 '사람들' 단원에서 나와 함께 사는 사람들에 관해 배웁니다.

✓ '우리는 서로 관계를 맺으며 생활한다.'라는 핵심 아이디어를 통해 주변 사람들에 관심을 갖고 배려하며 소통하는 방법을 배웁니다.

✓ 주변 사람들뿐 아니라 다문화 교육과도 연계해서 수업해 볼 수 있습니다.

서로 존중하는
'배리어 프리'

(#장애)　(#장애 인식 개선)　(#같이의 가치)　(#다름의 존중)

　유치원과 학교에서 이루어지는 교육의 기본은 서로 다른 사람들과 더불어 살아가는 법을 배우는 것입니다. 차이를 존중하고 배려하는 교육을 통해 아이들은 장애에 대한 편견을 버리고 모든 사람이 소중한 존재임을 느낍니다. 이는 단순히 지식을 전달하는 것을 넘어, 아이들의 마음속에 깊이 자리 잡은 가치관을 형성하는 데 도움을 줍니다.

　장애와 비장애를 막론하고 다양한 사람들과 교류하고 협력하는 경험을 쌓음으로써 삶의 다양성을 이해하고 존중하는 태도를 기를 수 있습니다. 또한 장애 이해 교육은 아이들에게 배려와 공감의 중요성을 가르칩니다. 모두가 함께 살아가는 데 필요한 배려에 대해 살펴보고 직접 실천해 보는 경험은 사회적 능력과 감수성을 키웁니다.

유·초 이음 교육과정 잇기

| 유치원 관련 영역
　사회관계 > 더불어 생활하기 ▶ 서로 다른 감정, 생각, 행동을 존중한다.

| 초등 교과 및 성취 기준
　통합 > 약속 ▶ [2바03-04] 공동체 속에서 지속 가능성을 위한 삶의 방식을 찾아 실천한다.
　　　　　▶ [2슬03-04] 우리의 생활과 관련된 지속 가능성의 다양한 사례를 찾고 탐색한다.

> **따로** 우리가 도와줄게!

『빨간 모자가 앞을 볼 수 없대』
한쉬 글·그림, 조윤진 옮김, 한울림스페셜

앞을 보지 못하는 빨간 모자는 할머니 댁에 케이크를 가져다드리러 가다가 늑대를
만나 위험에 빠집니다. 숲속 동물들의 도움과 주인공의 따뜻한 마음이 돋보이는
그림책으로, 장애에 관해 생각해 볼 수 있습니다.

유아들과 그림책 『빨간 모자가 앞을 볼 수 없대』를 감상합니다. 다른 동물들이 앞이 보이지 않는 빨간 모자에게 늑대에 관해 알려 줄 때, 어떻게 표현하는지 살펴봅니다. 눈으로 볼 수 없어도 다른 감각을 이용해 길을 찾고 무엇이 있는지 알 수 있다는 점을 이야기합니다. 처음에는 흑백으로 시작했던 그림이 점점 색깔을 띠게 되는데, 왜 이렇게 색이 생기는지 생각해 봅니다.

<궁금한 그림책 질문들>

– 빨간 모자가 앞이 보이지 않아 어떤 점이 불편할까요?

– 앞이 보이지 않는 빨간 모자가 늑대를 어떻게 찾을 수 있었나요?

– 책에 점점 색깔이 생겨나는 이유가 무엇일까요?

– 앞을 볼 수 없으면 어떤 점이 불편할까요?

▶▶ '장애인식개선교육 실적관리시스템(https://www.able-edu.or.kr)' 교육 자료실에 수록된 다양한 장애 인식
개선 교육 자료를 활용할 수 있어요.

따로 보이지 않는 세상

간접적인 경험을 통해 장애인을 이해하는 활동입니다.

유아 한 명이 안대를 하고 앞이 보이지 않는 빨간 모자가 되어 교사가 말하는 물건을 찾아봅니다. 이때 혼자 물건을 찾기 어려울 수 있으니 도와줄 친구를 한 명 선정하여 함께 물건을 찾게 합니다. 활동 시작 전, 옆에서 도와주는 친구는 어떻게 도움을 줄 수 있을지 이야기합니다. 활동을 마치면 앞이 보이지 않는 빨간 모자가 되어 물건을 찾을 때 어떤 점이 불편했는지, 친구가 어떻게 도와줬을 때 쉽게 물건을 찾을 수 있었는지 이야기 나눕니다. 마지막으로, 그림 자료나 영상을 통해 앞이 보이지 않는 사람들을 위한 안내견, 점자, 음향 신호기 등을 소개합니다.

빨간 모자가 되어 물건 찾기

시각 장애인을 위한 도구들

▶▶ 안대를 하고 물건을 찾기 전에, 안전을 위해 위험한 물건은 미리 치우고 교실을 정돈해요.

또 같이 배리어 프리를 찾아라!

'배리어 프리'는 장애인이나 노인 등 사회적 약자들이 편하게 살아갈 수 있게 물리적인 장애물과 심리적인 벽 등을 제거한다는 의미입니다.

교사는 학교에 있는 배리어 프리 시설들을 미리 사진으로 찍어 활동지를 준비합니다. 아이들과 함께 사진을 보며 배리어 프리의 의미를 알아봅니다. 유아와 1학년 학생이 한 팀이 되어 활동지에 있는 시설물을 학교 안에서 직접 찾아봅니다. 활동이 끝난 뒤에는 각각의 배리어 프리가 어떤 역할을 하는지 이야기 나눕니다. 또 우리 주변에서 이런 것들을 본 경험을 이야기하며 아이들의 실생활과 연계해 볼 수 있습니다.

배리어 프리 활동지

우리 학교의 배리어 프리 찾기

▶▶ 학교나 유치원 안내도에 어린이들과 함께 찾은 배리어 프리를 표시하여 '우리 학교(유치원) 배리어 프리 맵'을 만들 수 있어요.

또 같이 ▶ 우리 주변의 **따뜻한** 세상

학교에서 배리어 프리를 찾은 뒤 가정 연계 활동으로, 우리가 살아가는 주변 환경 속에서 배리어 프리를 찾아봅니다. 학교뿐 아니라 주변 모든 곳에 배리어 프리가 있음을 알

배리어 프리 가정 연계 안내문

배리어 프리 가정 연계 활동

▶▶ 몸이 불편하거나 장애가 있는 사람들을 돕는 배리어 프리에는 어떤 것이 있을지 부모님과 함께 생각을 나누어 보고, 필요한 시설을 레고로 만들어 자신의 생각을 공유할 수 있어요.

수 있습니다.

　자신이 살고 있는 주변에서 찾은 배리어 프리 사진을 공유 플랫폼에 올리고 함께 생각해 봅니다. 공유한 배리어 프리 사진을 살펴보며 미처 발견하지 못했던 곳이나 새롭게 알게 된 것, 더 필요한 것은 어떤 것이 있을지 함께 생각하고 이야기 나누어 봅니다.

아이들의 성장

"장애인을 보고 도와줄 때는 먼저 도움이 필요한지 물어봐야 해요."

"음료수 캔에도 배리어 프리가 있어요."

"도서관에서 점자책을 빌릴 수 있어요."

"배리어 프리가 어떤 뜻인지 알게 되었어요."

"동생들과 학교에서 배리어 프리를 찾으러 다닌 게 가장 기억에 남아요."

"우리 집 주변에서도 배리어 프리를 찾아보고 싶어요."

유·초 이음 TIP | 초등학교의 장애 이해 교육

✓ 초등학교에서는 주로 4월 20일 '장애인의 날'을 맞아 전교생을 대상으로 장애 이해 교육을 실시하거나, 교과와 연계하여 수업을 진행하기도 합니다.

✓ 장애 이해 교육을 통해 학생들은 장애를 가진 친구들을 이해하고 존중하는 법을 배웁니다.

너와 나의
마음을 잇는 협동

(#협동) (#짝 활동) (#모둠 놀이) (#협력)

협동은 마음과 힘을 하나로 합치는 것을 의미합니다. 협동 놀이는 짝 활동에서 점차 확장해 반 전체 활동까지, 아이들의 수준과 환경에 따라 다르게 구성합니다. 아이들은 협동 놀이를 통해 서로를 이해하고 자신의 부족함을 채울 수 있습니다. 또한 신체를 강화하고, 학교생활과 사회생활을 위한 감수성과 관계 기술을 배웁니다.

유·초 이음교육에서는 유치원의 놀이 중심 활동에서 나아가 초등학교 교과 수업의 성취 기준에 도달하기 위해 함께 협력하는 마음과 행동을 익힙니다.

유·초 이음 교육과정 잇기

| 유치원 관련 영역
　사회관계 > 더불어 생활하기 ▶ 친구와 서로 도우며 사이좋게 지낸다.
　의사소통 > 듣기와 말하기 ▶ 상대방이 하는 이야기를 듣고 관련해서 말한다.
　신체 운동·건강 > 신체 활동 즐기기 ▶ 실내외 신체 활동에 자발적으로 참여한다.

| 초등 교과 및 성취 기준
　통합 > 학교 ▶ [2즐01-01] 즐겁게 놀이하며, 건강하고 안전하게 생활한다.
　통합 > 사람들 ▶ [2바01-03] 가족이나 주변 사람을 배려하며 관계를 맺는다.
　　　　　　　 ▶ [2즐01-03] 가족이나 주변 사람과 소통하며 어울린다.

『야호, 우리가 해냈어!』
엄혜숙 글, 레지나 그림, 주니어김영사

구덩이에 빠진 사슴 '큰뿔이'를 구하기 위해 반달곰 '달곰이'와 두루미 '흰날개'가 길을 떠납니다. 오리, 토끼, 여우 등 동물 친구들이 힘을 모아 친구를 돕는 이야기를 담은 그림책입니다.

유아들이 생활하며 겪는 다양한 상황에서 혼자 했을 때보다 다른 사람과 협동해서 더 좋았던 경험을 생각해 봅니다. 그림책 속 동물 친구들처럼 함께하면 두렵고 무서운 일도 이겨낼 힘이 생긴다는 점을 이야기합니다. 친구들과 협동하여 해결하거나 작품을 만들었던 경험과 협동했을 때의 좋은 점, 나를 도와준 친구들에게 고마운 점을 이야기해 봅니다.

<궁금한 그림책 질문들>

– 달곰이와 흰날개는 누구를 만났나요?

– 깡총이, 꽥꽥이, 캥캥이, 큰눈이가 있어 좋은 점은 무엇일까요?

– 동물 친구들처럼 남을 도와준 경험이 있어요?

– 큰뿔이처럼 도움을 받은 경험이 있나요?

따로 함께 준비하는 백일 축하 파티

유아들이 동생들의 입학 백일을 축하해 줄 계획을 세우고, 함께 준비하여 축하 파티를 여는 활동입니다.

백일을 축하하는 말하기, 선물 만들기, 카드 그리기, 노래 부르기, 안아 주기, 백일 케이크 만들어 먹기, 백일 사진 찍기 활동 중 하나를 모둠 친구들과 정해 계획하고 협동하여 준비합니다. 예를 들어 축하 노래 부르기 모둠은 교실에 있는 악기와 머리띠, 야광봉 등을 찾아오고, 노래 제목, 노래와 함께할 악기 연주, 율동 등을 정해 역할을 나누고 연습합니다. 모든 모둠의 준비가 끝나면 순서를 정합니다. 축하 순서가 정해지면 약속된 시간에 동생들을 만나 백일을 축하합니다.

함께하는 백일 축하 파티

백일 축하 포스터

▶▶ 아이가 태어나서 맞는 백일을 소개하며 백일의 의미에 관해 이야기해 봐요.
▶▶ 서로 만나기 힘들다면 실시간 화상 통화로 축하 공연을 준비하거나, 마음이 담긴 축하 영상 또는 카드 등으로 마음을 전해요.

따로 ▶ 양말목으로 만든 긴 줄넘기

양말목은 양말을 만드는 과정에서 나오는 폐기물로 쓸모없어 버려지는 자원을 활용하여 새롭게 만들어 보는 리사이클링 놀이 재료가 됩니다.

유아들은 양말목을 만져 보고, 당겨 보고, 연결해 보고, 색깔별로 분류하는 등 자유롭게 탐색해 봅니다. 양말목을 손가락에 끼워 반복적으로 연결합니다. 각자 만든 줄을 길게 이어 긴 줄넘기를 만듭니다. 긴 줄을 하나 만들 수도 있고 다양한 길이의 줄을 여러 개 만들 수도 있습니다.

한 명이 만든 줄은 짧지만 여럿이 힘을 합치면 긴 줄이 되는 것을 통해 협동의 의미를 이해합니다. 유아들이 이어 만든 긴 줄로 줄 따라 걷기, 통과하기, 뛰어넘기 등 줄넘기 놀이를 합니다.

양말목 잇기

양말목으로 만든 긴 줄넘기 활동

▶▶ 양말목을 탐색할 때 손가락에 걸어 전달하기, 양말목 던져 고리에 넣기, 양말목 튕겨 책상 끝까지 보내기, 양말목 패턴 연결하기 등 다양한 놀이를 할 수 있어요.
▶▶ 양말목뿐 아니라 작아진 옷, 양말 등으로 리사이클링을 실천해 봐요.

또 같이 ▶ **너와 나의 마음을 잇는 협동 운동회**

체육관, 강당 등 넓은 공간에서 유아들과 초등학생들이 협동하는 운동회를 엽니다. 종목은 개인 실력을 겨루는 활동이 아니라 친구들이 힘을 합쳐 함께하는 활동으로 선택합니다. 예를 들어 균형 잡기, 훌라후프 전달 놀이, 판 뒤집기, 이어달리기, 공 전달하기, 줄기차놀이 등 다양한 활동이 가능합니다. 협동하여 즐겁게 운동하며 서로를 응원하고 기

소도구를 활용한 운동

훌라후프 전달 놀이

쁜 마음으로 참여할 수 있도록 합니다.

학생 수, 운동장이나 강당의 크기에 맞게 아이들과 의논해 놀이 방법과 규칙을 바꾸거나 새롭게 만들 수도 있습니다. 준비 운동과 정리 운동도 짝이나 모둠으로 하고, 운동회가 끝나면 다 함께 운동회장을 정돈하는 등 운동회의 모든 과정을 협력하여 운영합니다.

아이들의 성장

"함께 준비해서 파티하니 기뻤어요."

"축하해 주기 전, 설레는 마음이 들었어요."

"협동 운동회를 할 때 너무 떨렸어요."

"못할까 봐 자신이 없었는데, 모둠 친구들과 함께 성공해서 정말 행복했어요."

유·초 이음 TIP | 초등학교의 협동 교육

✓ 통합 교과에는 단원의 학습 주제와 성취 기준에 도달할 수 있도록 주제 관련 놀이 수업이 포함되어 있습니다. 판 뒤집기, 공 전달하기, 줄다리기, 이어달리기 등 함께 협동하는 놀이가 점차 많아집니다.

✓ 국어, 수학 교과에서도 개인 활동뿐 아니라 다양한 짝 활동, 모둠 활동으로 수업이 진행되기 때문에, 유치원에서도 여러 친구와 함께하는 활동을 경험해 보는 것이 중요합니다.

✓ '2022 개정 교육과정'에서는 '의사소통 역량'이 '협력적 소통 역량'으로 바뀌는 등 협동의 의미가 더 강조되고 있습니다.

행복을 더하는 나눔

#나눔장터　#책 읽어 주기　#재능 기부　#장난감의 날　#나눔

아이들은 자기중심적 사고로 인해 타인의 관점을 이해하기 어려워 또래와 물건을 공유하고 나누기가 힘듭니다. 아이들은 스스로 충분히 만족해야 나누고 싶어지기 때문에, 억지로 나눔을 가르치거나 강요하기보다는 소유의 개념을 인지한 뒤 차근차근 배워 가도록 도와주어야 합니다.

타인을 배려하고 나누는 기쁨을 알기 위해서는 시간과 경험이 필요합니다. 자신의 물건과 친구의 물건을 알고 나누어 쓰는 데서 나아가 소유하고 있는 물건, 저마다 다른 재능을 나누는 활동으로 확장합니다. 서로 그림책을 읽어 주거나 종이접기로 장난감을 만들어 나누며, 더 큰 보람과 기쁨을 느낄 수 있는 다양한 방식의 나눔을 실천해 봅니다.

유·초 이음 교육과정 잇기

| 유치원 관련 영역
　사회관계 > 더불어 생활하기 ▶ 친구와 서로 도우며 사이좋게 지낸다.
　자연 탐구 > 자연과 더불어 살기 ▶ 생명과 자연환경을 소중히 여긴다.

| 초등 교과 및 성취 기준
　통합 > 사람들 ▶ [2바01-03] 가족이나 주변 사람을 배려하며 관계를 맺는다.
　통합 > 탐험 ▶ [2바02-04] 새로운 활동에 호기심을 갖고 도전한다.

> 따로 **나눌수록 더 커지는 마법**

『먹어도 먹어도 줄지 않는 죽』
최숙희 글·그림, 책읽는곰

무엇이든 뚝딱 만들어 다양한 방법으로 동물들에게 나눔을 실천하는 주인공 '두루'
의 이야기를 담은 그림책입니다.

유아들과 그림책『먹어도 먹어도 줄지 않는 죽』을 읽으며 나눔에 관해 생각해 봅니다.
주인공 두루가 무엇을 왜 나누었는지, 나눌 때 기분은 어땠을지 이야기해 봅니다.

자신의 물건이나 음식 등을 나누어 준 비슷한 경험을 이야기해 보고, 그때 느꼈던 감정
을 친구들에게 발표해 봅니다. 물건이나 음식을 나눈 경험뿐 아니라 자기가 좋아하는 것
과 잘하는 것을 친구에게 알려 주거나, 못하는 친구를 도와준 경험도 이야기해 봅니다.

<궁금한 그림책 질문들>

– 다른 사람에게 무엇을 나누어 준 적이 있나요?

– 무엇을 나누었나요? 기분이 어땠나요?

– 두루와 함께 죽을 만들 때 친구들은 어떤 기분이 들었을까요?

– 죽은 왜 먹어도 먹어도 줄지 않을까요?

> 또 같이 **아.나.바.다 나눔장터**

나눔장터는 아이들이 성장하며 더 이상 필요하지 않게 된 물건, 사용하지 않는 물건을
모아 친구들과 동생들에게 물려주며 나눔의 의미를 알고 실천하는 활동입니다.

유아들과 1학년 학생들이 함께 물건을 준비하고 장터를 엽니다. 작아진 옷, 신발, 액세서리, 모자 같은 의류나, 캐릭터 장난감, 블록 등 더 이상 사용하지 않는 완구를 가지고 옵니다. 단, 사용감이 많거나 훼손된 물건은 가져오지 않도록 하고, 유치원이나 초등학교 예산으로 구입한 새 상품은 추가할 수 있습니다. 아이들은 나눔장터를 통해 자신에게 필요 없거나 사용하지 않는 물건도 유용하게 재사용되고 생활 속에서 다양한 방식으로 나눔을 실천할 수 있음을 이해하게 됩니다.

나눔장터 준비　　　　　　　　　　장바구니를 사용하는 나눔장터

또 같이 ▶ 1학년 목소리로 듣는 그림책

나눔 활동은 물건뿐 아니라 개인의 재능을 나누는 것도 포함합니다. 꼬마 선생님이 되어 친구를 돕거나 잘하는 종이접기를 알려 주는 등 일상의 다양한 활동도 나눔이 될 수 있습니다.

유·초 이음교육을 함께하는 유아들을 위해 1학년 학생들의 목소리가 담긴 오디오 북을 만들어 선물하는 활동을 해 봅니다. 1학년 국어 교과서에 수록된 그림책 내용을 1학년 학생들이 읽기 연습을 해서 녹음합니다. 녹음한 목소리를 편집해 오디오 북을 만들어 유아들에게 보내고, 유아들은 교실 곳곳에서 오디오 북이 들려주는 목소리로 그림책을 보고 읽고 즐깁니다.

오디오 북 표지

학생들이 녹음한 오디오 북으로 그림책 감상하기

▶▶ 1학년 1학기 국어 교과서에 수록된 그림책 목록

- 『숨바꼭질 ㅏㅑㅓㅕ』(현북스), 『꽃에서 나온 코끼리』(책읽는곰), 『도서관 고양이』(한울림어린이), 『맛있는 건 맛있어』(시공주니어), 『노란 우산』(보림), 『구름 놀이』(미래엔아이세움), 『모두 모두 한집에 살아요』(고래 뱃속), 『꼭 잡아!』(여우고개), 『코리끼가 껴어요』(책고래), 『감자꽃』(창비) 등

또 같이 ▶ 같이 놀아요, 장난감의 날

1학년 학생들과 유아들이 색종이와 다양한 도구를 이용해 장난감을 만들고 함께 즐기는 '장난감의 날'을 정합니다.

준비물은 다양한 무늬의 색종이, 가위, 풀, 종이접기 책(또는 영상 자료)입니다. 색종이를 오리고 접어 옷이나 액세서리를 만들고, 팽이나 비행기를 접어 봅니다. 입체 작품을 만들고 싶으면 '뜯어 만드는 종이 공작' 책을 이용할 수 있습니다. 원하는 주제로 모둠을 만들어 활동하거나, 학생과 유아가 일대일로 짝을 정해 서로 도움을 주고받으며 장난감을 함께 완성합니다. 장난감의 날에는 서로 만든 장난감을 설명하고, 놀이 방법과 규칙을 충분히 익힐 수 있도록 이야기를 나눈 뒤 활동합니다.

유아들을 위해 만든 종이 팽이

유아들과 초등학생들이 함께하는 '장난감의 날'

▶▶ 유아들과 학생들이 만나기 어렵다면, 학생들이 만든 장난감 작품들에 간단하게 적은 사용 설명서(장난감 이름, 사용 방법)를 동봉하여 유아들에게 택배로 보내요.

아이들의 성장 ●

"형님들이 책을 읽어 주니 실감 나고 재미있었어요."

"저도 형님들처럼 책을 잘 읽고 싶어요."

"내가 잘할 수 있는 것을 나눠서 기뻤어요."

"다음에도 다른 것을 만들어 나누고 싶어요."

"동생들이 제가 종이접기를 잘한다고 칭찬해 줘서 뿌듯했어요."

유·초 이음 TIP | 초등학교의 나눔 활동

✓ 나눔 활동은 물건을 나누는 것뿐 아니라 좋아하거나 잘하는 일을 주변과 공유하는 것도 포함합니다. 나눔으로 소통하고 어울리며, 나아가 관계를 맺는 방법도 익힐 수 있습니다.

✓ 수업 시간에는 '우리 반 꼬마 선생님'이 되어 친구 돕기 활동, 자신이 가진 재능으로 다른 사람을 도와주는 재능 나눔 장터 활동 등 다양한 방법으로 나눔을 실천합니다.

고마운 사람들에게
전하는 마음

#감사　#감사 표현　#인성 교육　#사회관계　#스승의 날

개정 누리과정은 유아가 다른 사람을 존중하고 배려하며 서로 소통하는 태도를 기르도록 돕는 것을 목표로 합니다. 고마움을 알고 표현하는 것은 더불어 생활하는 데 중요한 기능을 하고, 마음을 주고받으며 소통하는 경험은 사회관계를 원활하게 해 줍니다.

　주변의 도움이나 배려에 익숙해지다 보면 그것을 당연히 여기게 되는 경우가 많습니다. 고마움을 표현하는 다양한 상황을 찾아보고 직접 표현해 보는 경험을 통해 고마움을 더욱 잘 표현할 수 있습니다. 유·초 이음교육을 통해 더 넓은 인간관계를 경험하고 고마움을 표현하는 경험을 확장해 봅니다.

유·초 이음 교육과정 잇기

| 유치원 관련 영역

　사회관계 > 나를 알고 존중하기 ▶ 나의 감정을 알고 상황에 맞게 표현한다.
　의사소통 > 듣기와 말하기 ▶ 상황에 적절한 단어를 사용하여 말한다.

| 초등 교과 및 성취 기준

　국어 ▶ [2국01-02] 바르고 고운 말로 서로의 감정을 나누며 듣고 말한다.
　통합 > 사람들 ▶ [2슬01-03] 가족이나 주변 사람에게 관심을 갖고 함께 살아가는 모습을 탐구한다.
　　　　　　▶ [2즐01-03] 가족이나 주변 사람과 소통하며 어울린다.

활동 방법

따로 ▶ 고마움을 전달하는 방법

『**고마움이 곧 도착합니다**』
엘렌 서리 글·그림, 김영선 옮김, 위즈덤하우스

고마운 마음이 드는 다양한 상황과, 고마움을 전달할 수 있는 여러 가지 기발한 방법
을 소개하는 그림책입니다.

고마움을 느끼는 대상은 가족, 선생님과 친구들, 동네에서 마주치는 사람들일 수 있습
니다. 사람뿐 아니라 좋아하는 만화 주인공, 학용품, 집, 유치원 등도 대상이 됩니다.

유아들이 고마움을 느끼는 상황과 대상에 관해 자유롭게 발표하고, 그림책 속 방법 중
자신이 직접 고마움을 전달하기 위해 해 보고 싶은 방법을 정해 실천해 봅니다. 주변의
도움이나 배려를 당연히 여기지 않고 감사하는 마음에 관해 생각해 봅니다.

<궁금한 그림책 질문들>

– 감사는 어떤 마음일까요?

– 어떤 상황에서 고마움을 느낄까요?

– 고마움을 표현하는 말과 방법은 무엇이 있을까요?

– 평소에 나는 다른 사람에게 고마움을 잘 표현하는 사람인가요?

▶▶ 그림책 뒤에 있는 예시 방법(물감으로 손바닥 자국 찍기, 함께 찍은 사진 붙이기, 나뭇잎 그림 카드 만들기,
고마움을 담은 유리병 만들기 등)을 활용해 고마움을 표현해 봐요.

따로 **유치원 감사의 날**

유치원에서 감사의 날을 정해 고마운 분들께 마음을 전하는 활동을 할 수 있습니다.

3월 적응 기간 또는 5월 '스승의 날'처럼 고마움을 전하는 특별한 기간을 정합니다. 늘 함께하는 담임 선생님뿐만 아니라 유치원 생활을 도와주시는 분들(원장, 원감, 영양 교사, 보건 교사, 자원봉사자, 버스 기사님 등)에 관해 알아봅니다. 그분들의 이름과 사진을 준비하여 유치원에서 어떤 일을 하시는지, 도움을 받았던 일 등을 이야기 나눕니다.

유치원에서 일하시는 분들의 사진과 이름이 적힌 카드를 뽑기 통에 넣고 한 명씩 나와 이름을 뽑습니다. 자신이 뽑은 분에 대해 이야기해 보고 고마운 마음을 담아 이름을 색칠하고 꾸밉니다. 반 친구들이 꾸민 고마운 분들의 이름을 모두 모아 커다란 감사 편지를 완성합니다. 어디에 붙이면 좋을지 의논하고 그분들이 자주 볼 수 있는 장소에 편지를 전시합니다.

유치원에서 일하는 선생님들께 감사 카드 드리기

원장 선생님과 감사 인사 나누기

▶▶ 잘 보이는 통로에 감사 편지를 붙여 전시해요.
▶▶ 고마움을 전하는 영상을 찍고 QR코드로 연결해 카드나 편지에 추가할 수 있어요.

또 같이 **꽃으로 전하는 고마움**

유아들과 1학년 학생들이 만나 동네에서 생활하며 도움을 받은 경험을 이야기 나눕니다. 경찰, 소방관, 의사, 약사 등 다양한 직업을 가지고 우리를 도와주는 분들을 생각하며 감사하는 마음을 떠올려 봅니다.

색종이 꽃, 조화, 스칸디아모스(이끼) 등 다양한 재료를 활용하여 꽃다발이나 꽃 액자를 만듭니다. 메모지에 누구에게 어떤 마음을 담아 만들었는지, 그림이나 글로 감사 편지를 써서 꽃 작품을 완성한 뒤 전시합니다. 감사하는 대상이 유치원이나 학교와 가까운 곳에 있다면 직접 전달하며 감사의 마음을 전합니다.

이끼를 활용한 꽃 액자

종이접기 꽃 카드

▶▶ 미리 관공서(경찰서, 소방서)에 협조를 구해 감사 편지를 전달할 수 있어요.
▶▶ 직접 도움을 받지 않더라도 우리 주변을 위해 일해 주시는 분들을 생각해 볼 수 있어요.
▶▶ 유아들과 초등학생들, 고마운 사람들(동네 사람들)이 함께 만나지 못하는 상황이라면 이메일이나 우편으로 감사 인사를 전해요.

아이들의 성장

"엄마, 아빠, 고맙습니다."

"유치원에서 저희를 도와주는 선생님, 감사해요."

"카드를 받고 기뻐하니까 나도 좋았어요."

"다른 사람에게 도움을 주는 멋진 사람이 되고 싶어요."

유·초 이음 TIP | 초등학교 통합 교과의 '사람들' 단원 중 '감사'

✓ '사람들' 단원에서는 '고마운 사람들'을 주제로, 도움을 받았던 경험을 나누고, 말판 놀이, 발표하기 등으로 서로 도움을 주고받으며 살아가는 것을 배웁니다.

✓ 직접적으로 도움을 받는 사람(가족, 친구 등)을 포함해 직간접적으로 도움을 받는 사람(농부, 발명가, 자원봉사자 등)도 다루어, 많은 사람이 연결되어 있음을 알게 됩니다.

✓ 내가 도움받은 경험을 떠올려 보고 주변 사람에게 고마움을 느끼는 활동에서 나아가, 내가 할 수 있는 방법으로 다른 사람을 직접 도와주는 경험도 해 봅니다.

5부

함께
해결해 나가요

일상생활 속에서 크고 작은 문제를 마주하면 자신이 가지고 있는 지식, 태도, 기술 등을
바탕으로 적절히 해결할 수 있어야 합니다. '함께 해결해 나가요'에서는 민주 시민 교육,
유기 동물, 창의력, 시설 적응력 등의 주제와 관련한 문제 상황을 제시하고, 창의적이고
논리적인 사고를 통해 해결해 보는 활동을 다룹니다. 자신이 마주한 문제를 해결해 보는
경험은 유능감을 높이고, 다양한 변화 속에서도 도전과 성장을 멈추지 않게 하는 원동력
이 될 것입니다.

꼭꼭 약속해!

#더불어   #배려   #약속   #실천

'약속(約束)'의 한자를 살펴보면 함께 정하여 맺고 묶어 지켜 나간다는 뜻입니다. 약속은 주변 사람들과 올바른 관계를 맺고, 질서 있는 사회를 만드는 데 중요한 역할을 합니다. 유아들은 사회 구성원으로 살아가기 위해 약속의 필요성을 이해하고 지키는 것을 배워야 합니다. 주변 사람들과의 약속뿐 아니라 자신과 한 약속의 중요성을 깨닫고 실천하는 것은 유아기부터 바른 생활 습관을 형성하는 데 매우 중요합니다.

유·초 이음교육을 통해 약속의 의미를 이해하고 자신과의 약속을 지키는 경험을 해 봅니다. 유치원, 학교, 사회에 필요한 다양한 약속을 배우고, 지속적인 경험을 통해 기본적인 사회 질서를 익히고 실천할 수 있습니다.

유·초 이음 교육과정 잇기

| 유치원 관련 영역
  사회관계 > 나를 알고 존중하기 ▶ 내가 할 수 있는 것을 스스로 한다.
  사회관계 > 더불어 생활하기 ▶ 약속과 규칙의 필요성을 알고 지킨다.

| 초등 교과 및 성취 기준
  통합 > 학교 ▶ [2바01-01] 학교생활 습관과 학습 습관을 형성하여 안전하고 건강하게 생활한다.
           ▶ [2슬01-01] 학교 안팎의 모습과 생활을 탐색하여 안전한 학교생활을 한다.

> **따로** 약속은 왜 필요할까?

『약속은 대단해』
선안나 글, 조미자 그림, 미세기

다양한 동물 주인공의 사례를 통해 약속의 의미를 이야기하는 그림책입니다. 약속은 지켜야 하지만 지켜지지 않을 때가 많다는 점, 사회적 약속뿐 아니라 자신과의 약속도 중요하다는 점 등을 알려 줍니다.

그림책『약속은 대단해』를 읽고, 약속의 의미와 필요성을 함께 생각해 봅니다.

교사는 그림책 표지와 본문에 나오는 '약속'이라는 단어가 모두 보이지 않게 포스트잇을 붙여 놓습니다. 그런 다음 유아들과 그림책을 읽고, 가려진 곳에 어떤 단어가 들어갈지 함께 추측해 봅니다. 약속이라는 단어를 맞히면 그림책에 나오는 이야기를 회상하며 약속의 뜻을 알아봅니다.

<궁금한 그림책 질문들>

– 무엇을 약속이라고 할까요?

– 약속은 누구랑 하는 걸까요?

– 친구와 약속을 지키지 못할 때는 어떻게 하면 될까요?

– 약속을 지키지 않으면 어떻게 될까요?

> **따로** 나의 약속 실천 손바닥

스스로 지키고 싶은 약속 한 가지를 정하고 실천해 보는 활동입니다.

먼저 유아가 스스로 지키고 싶은 약속을 한 가지 정합니다. 그런 다음 종이에 자신의 손바닥을 그리고, 교사는 손바닥 그림에 유아가 말한 약속을 적어 줍니다. 각자 자신의 약속 실천 손바닥을 친구들에게 소개하며 스스로 지킬 약속이 무엇인지 발표합니다. 이때 자신과의 약속을 잘 지킬 수 있도록 서로 응원의 말을 해 주거나 칭찬의 말 스티커를 붙여 주어 용기를 북돋울 수 있습니다.

매일 하원 전 자신이 정한 약속을 잘 지킨 유아는 약속 실천 손바닥에 직접 칭찬 스티커를 붙입니다. 정해진 개수의 스티커를 다 모은 유아에게는 '엄지 척' 상을 주어 칭찬하고, 유아는 스스로 약속을 지켜 상을 받은 기분을 친구들에게 발표합니다.

나의 약속 실천 손바닥

따로 ▶ **우리 반 약속 나무 만들기**

유아들과 1학년 학생들이 각자의 교실에서 지켜야 할 약속을 생각해 보고, 약속 나무를 만들어 보는 활동입니다.

먼저 교사는 약속을 지키지 않아 갈등이 생겼거나 문제가 발생한 교실 사진을 준비합니다. 각 사진을 보며 어떤 생각이 드는지, 위험한 점은 무엇인지, 불편한 점은 무엇인지 이야기를 나눕니다. 어떻게 하면 문제를 해결할 수 있을지 방법을 이야기하며 교실에서 지켜야 할 약속과 연결합니다.

교사는 열매 모양의 종이를 준비해 아이들에게 나눠 줍니다. 아이들은 각자 교실에서 꼭 필요하다고 생각하는 약속 한 가지를 꼽아 그림이나 말로 표현하고(필요에 따라 교사가 적어 주고) 우리 반 약속 나무에 걸어 완성합니다.

유치원의 약속 나무 / 초등학교의 약속 나무

또 같이 ▶ **같아요, 달라요!**

유아들과 1학년 학생들이 각각의 기관에서 지켜야 할 약속을 비교하는 활동입니다.

먼저 1학년 학생들이 만든 우리 반 약속 나무를 유아들과 함께 살펴봅니다. 이 과정에서 유아들은 1학년 학생들이 정한 약속을 자신들이 만든 약속들과 비교해 보고, 비슷한 점과 다른 점을 찾아봅니다. 비교 활동을 통해 비슷한 약속들은 초등학교에서도 똑같이 지켜야 하는 중요한 약속들이라는 사실을 배우게 됩니다. 반면, 유치원과 다른 약속들에 관해서는 왜 이 약속들이 초등학교에서 중요한지 이야기 나눕니다. 이를 통해 유아들은 초등학교 생활에 대한 이해를 높이고, 앞으로 지켜야 할 다양한 규칙과 약속을 알고 미리 준비할 수 있습니다.

| 약속 분류하기 | 유치원과 초등학교의 같은 약속, 다른 약속 |

또 같이 **약속 표지판 만들기**

교사는 건널목, 엘리베이터, 계단 등 질서를 지켜야 하는 곳의 사진을 준비합니다. 사진을 보며 장소마다 어떤 약속이 필요한지, 약속을 지키지 않으면 어떤 일이 생길지 이야기합니다.

유아와 1학년 학생 4~5명을 한 모둠으로 정해 각 장소에서 지켜야 할 약속 표지판을 만듭니다. 작품이 완성되면 친구들에게 소개하고, 학교나 주변에 표지판을 가져다 놓고 캠페인 활동을 합니다. 약속 표지판 만들기를 통해 사회적 약속을 알고 실천하며 캠페인에 참여해 볼 수 있습니다.

약속 표지판과 함께하는 캠페인 활동

아이들의 성장

"친구들이 많은 곳에서 뛰면 부딪힐 수 있어요."

"학교에서는 수업 시간이 되면 자리에 앉아야 해요."

"학교에 가면 유치원보다 지켜야 할 규칙들이 많아져요."

유·초 이음 TIP | 초등학교의 학교 폭력 예방 교육

✓ 학교 폭력 예방 교육은 학생들이 학교에서 친구를 때리거나 욕하거나 괴롭히는 나쁜 행동을 미리
  막고, 그런 일이 일어났을 때 어떻게 대처하는지를 배우는 교육입니다. 교과 또는 창의적 체험 활동
  시간을 이용하여 전 학년이 필수로 실시합니다.

✓ 학교 폭력 예방 교육에서는 아이들이 학교에서 지켜야 할 규칙들을 잘 이해하고, 친구들을 배려하는
  약속을 실천하게 하는 것이 무엇보다 중요합니다.

자연의 아름다움에
풍덩 빠진 실천가들

(#자연과의 연결감)　(#생태 감수성)　(#환경 실천)　(#리사이클)

　　생태 환경 교육은 이론적인 지식 수업이나 실천을 강요하는 방식이 아니라, 아이들이 매일 오고 가는 유치원과 학교 주변의 나무, 풀, 모래, 돌, 개미 등을 즐겁게 만나는 것에서 출발해야 합니다. 이 과정에서 자연스레 생태 환경에 관심이 생기면 자연 속에서 심미적인 체험을 지속할 수 있습니다. 자신이 자연과 친밀한 관계를 맺고 있음을 느끼고, 정서적 안정감과 생명과의 유대감이 형성되면서 생태적 감수성이 함양됩니다. 생태적 감수성은 생태계를 대하는 인간의 태도에 변화를 가져오는 중요한 소양입니다.

　　유·초 이음교육을 통해 자연 체험과 생태 감수성을 기반으로 한 생태 환경 교육이 유아들과 1학년 학생들에게 지속적이고 연계성 있게 제공되어야 합니다.

유·초 이음 교육과정 잇기

| 유치원 관련 영역
　예술 경험 > 아름다움 찾아보기 ▶ 자연과 생활에서 아름다움을 느끼고 즐긴다.
　자연 탐구 > 자연과 더불어 살기 ▶ 주변의 동식물에 관심을 가진다.
　자연 탐구 > 자연과 더불어 살기 ▶ 생명과 자연환경을 소중히 여긴다.

| 초등 교과 및 성취 기준
　창의적 체험 활동 ▶ 자율·자치 활동, 봉사 활동

활동 방법

> **따로** 자세히 들여다본 자연

나태주 시인의 시 '풀꽃'을 유아들과 함께 감상합니다. 세상 모든 존재가 저마다의 아름다움을 지니고 있으며, 작고 소소한 존재도 자세히 들여다보면 더욱 사랑스럽게 다가온다는 깊은 울림을 주는 시입니다.

풀꽃처럼 우리 주변에 늘 있지만, 작거나 익숙해서 놓치기 쉬웠던 자연을 찾아보기로 하고 밖으로 나갑니다. 이때 자연을 집중해서 볼 수 있도록 종이 프레임을 준비합니다. 주변을 둘러보며 하늘, 꽃, 바람, 나뭇잎, 나무껍질, 개미 등 자연을 충분히 즐기고 관찰할 시간을 갖습니다.

종이 프레임으로 주변 자연 자세히 들여다보기

▶▶ 자연의 아름다움을 느끼는 경험은 궁극적으로 자연과의 연결성을 깨닫고 생태 감수성을 고양시키기 위함입니다. 위에 제시한 활동 외에도 연속적이고 지속적이며 오감을 활용한 경험을 계절별, 날씨별, 장소별로 충분히 지원해 주세요.

자연을 자세히 보며 예쁘다고 느꼈거나 새롭게 발견한 것 또는 행복감을 준 대상에 종이 프레임을 올려놓습니다. 교사는 유아가 종이 프레임을 올려놓은 곳을 사진으로 찍어주고, 스스로 촬영하기를 원하는 유아는 본인이 직접 찍게 합니다. 교사가 사진을 인쇄해 나누어 주면 유아들은 자신의 사진에 제목을 지어 봅니다. 제목을 붙인 사진들을 게시해 유아들만의 '자연의 아름다움' 전시회를 열고 주변 사람들과 공유합니다.

또 같이 자연과 하나되는 뮤직비디오 만들기

유아들과 1학년 학생들이 앞 활동에서 찍은 사진들을 공유하고 감상합니다. 그런 다음 사진들과 어울리는 자연의 아름다움을 노래한 동요를 선정해 함께 배워 봅니다. 선정된 동요의 뮤직비디오를 만들어 보기로 하고, 서로의 역할을 의논합니다.

1학년 학생들은 반주에 맞추어 노래를 녹음하고, 유아들은 자신이 찍은 자연 사진 중 뮤직비디오에 들어갈 사진을 선택합니다. 1학년 학생들이 녹음한 노래 파일과 유아들이 선택한 사진을 합쳐 한 편의 뮤직비디오를 완성합니다. 완성된 뮤직비디오는 아이들이 서로 공유해 자연의 아름다움을 함께 느낄 수 있도록 합니다.

아이들이 함께 만든 자연 뮤직비디오

▶▶ 추천 동요
- '자연아 고마워' (김수지 작사, 이세일 작곡)
- '예쁘지 않은 꽃은 없다' (이창희 시, 백창우 작곡)
- '꽃을 꺾지 마세요' (김진영 작사·작곡)

따로 우리는 환경 보호 실천가

유아들은 자연을 자세히 들여다보는 경험 속에서 아름다움을 느끼기도 하지만 때론 눈살이 찌푸려지는 상황을 발견하기도 합니다. 주변에 버려진 쓰레기들이 많다는 사실도 알게 됩니다. 그러나 자연의 아름다움을 흠뻑 느낀 아이들은 기꺼이 환경을 위한 활동에 적극적으로 동참합니다.

아이들과 유치원이나 초등학교 주변을 한 바퀴 돌거나 야외 숲 체험을 나갈 때 장갑과 집게를 준비해 쓰레기를 줍는 '플로깅'을 해 봅니다.

유아들과 1학년 학생들의 플로깅 활동

아이들의 성장

"우리 주변에 이렇게 예쁜 꽃들이 피었는지 몰랐어요."

"아주 작아서 안 보이던 들풀이 모양이 다 달라서 놀랐어요."

"우리가 발견한 것들이 사진으로 찍혀 있어서 계속 계속 보게 돼요."

"우리가 찍은 사진과 형님들이 부른 노래를 합친 뮤직비디오라서 특별해요."

"동생들과 만나서 함께 쓰레기를 줍고 싶어요."

유·초 이음 TIP | 초등학교의 범교과 학습 주제

✓ 범교과 학습 주제는 국가적·사회적으로 요구되는 학습 내용이자, 여러 교과의 경계를 가로지르는 종합적이고 통합적인 학습 주제입니다.(교육부, 2017)

✓ 범교과 학습 주제에는 안전·건강 교육, 인성 교육, 진로 교육, 민주 시민 교육, 인권 교육, 다문화 교육, 통일 교육, 독도 교육, 경제·금융 교육, 환경·지속 가능 발전 교육이 포함되어 있습니다.

✓ 환경 교육 외에 범교과 학습 주제를 이용하여 다양한 유·초 이음교육의 주제로 선택해 볼 수 있습니다.

우리의, 우리에 의한,
우리를 위한 결정

(#민주 시민)　(#자주성)　(#투표)　(#소속감)

　초등학생들은 학급 회의를 통해 교실 상황을 공유하고 직접 문제를 해결해 보는 경험을 통해 자치성을 키워 갑니다. 이 같은 활동은 '2019 개정 누리과정'에서 유아와 교사가 함께 만들어 가는 교육과정으로, 자주성과 자율성을 신장시키는 경험을 강조하는 것과 맥락을 같이합니다.

　이에 따라 유아의 목소리에 귀를 기울이고 교실 주인으로서 권리를 행사해 볼 수 있는 유·초 이음교육 활동은 이 시기에 매우 의미가 있습니다. 이런 경험들은 이후 초등학교의 민주 시민 교육과도 연계됩니다.

유·초 이음 교육과정 잇기

| 유치원 관련 영역
　의사소통 > 듣기와 말하기 ▶ 자신의 경험, 느낌, 생각을 말한다.
　사회관계 > 더불어 생활하기 ▶ 서로 다른 감정, 생각, 행동을 존중한다.
　예술 경험 > 창의적으로 표현하기 ▶ 다양한 미술 재료와 도구로 자신의 생각과 느낌을 표현한다.

| 초등 교과 및 성취 기준
　창의적 체험 활동 ▶ 자율·자치 활동

활동 방법

따로 내 이름의 의미

항상 불리던 자신의 익숙한 이름에 관해 생각해 볼 기회를 가져 봅니다.

가정과 연계하여 부모님이 아이의 이름에 담긴 의미, 이름을 짓게 된 과정 등을 직접 이야기로 들려주고, 소통 매체를 통해 유치원과 공유합니다. 유아들은 부모님에게 들은 자기 이름의 의미를 친구들에게 들려줍니다.

세상에서 가장 귀한

세상에서 가장 귀한 내 이름을 한글자씩 쓰고 예쁘게 꾸며 주세요

이름에는 소중하고 특별한 뜻이 담겨 있어요. 내 이름에는 어떤 뜻이 담겨 있는지 소개해주세요. (3월 19일(화) 유치원으로 보내주세요)

가정에 발송한 아이 이름 의미 조사 안내문

이지훈

<내 이름은 어떤 뜻일까요?>
제 이름은 이지훈입니다.
할아버지가 '지혜롭고 주변까지
훈훈하도록 따뜻함을 나눠주는 사람'이
되라는 뜻으로 지어주셨어요.

가정에서 보내온 아이 이름의 뜻

또 같이 우리의 반 이름 짓기 전략

나에게 이름이 있듯 함께 지내는 우리 반의 이름을 새롭게 지어 봅니다.

1학년 학생들이 먼저 자신들의 교실 이름을 지어 보고 투표로 결정합니다. 이 경험을 통해 이름을 짓기 위해 어떤 것들을 고려해야 하는지 생각해 봅니다. 그런 다음 자신들이 발견한 이름 짓기 전략을 유아들에게 전달해 줍니다.

<1학년 학생들이 전달해 준 이름 짓기 전략 예시>

"우리는 투표를 해서 '하늘반'으로 결정했어."

"하늘처럼 넓은 마음으로 서로를 아껴 주자는 의견이 많았어."

"너희도 친구들과 어떤 마음으로 지내고 싶은지 생각해 봐."

"우리 반의 특별한 점이나 잘하는 것이 들어가도 좋아."

"이름은 너무 길면 부르기 어려워."

▶▶ 1학년 학생들은 다음에 이어지는 '우리가 만든 반 이름' 활동을 통해 유아들보다 먼저 반 이름을 지어 보는 경험을 해요. 그 뒤에 자신들의 경험을 유아들에게 전수해요.

▶▶ 유치원 교사는 1학년 학생들이 이야기한 전략을 유아들이 쉽게 이해할 수 있도록 정리하여 공유해 주세요.

따로 ▶ 우리가 만든 반 이름

교사는 3~4월 동안의 교실 장면 또는 함께한 사진들을 몇 장 선정하고 유아들과 감상해 봅니다. 유아들은 4~5명씩 모둠이 되어 감상한 사진 중 우리 반을 가장 잘 드러낸 것을 고릅니다. 모둠별로 뽑은 사진과 어울리는 이름을 지어 봅니다. 이때 1학년 학생들에게 전수받은 '이름 짓기 전략'을 고려하도록 합니다.

<반 이름 짓기 예시>

"우리 반에는 이것저것 신기하게 많으니까 '우주반'으로 하는 게 어때?"

"우리는 모두 아이디어가 반짝반짝하니깐 '별님반'이라고 불리면 좋겠어."

"우린 엄청 좋은 생각이 많아서 세상을 밝게 비출 수 있으니까 '달님반'이라고 하면 어떨까?"

모둠별로 생각을 모아 만든 이름들은 반 이름 후보가 됩니다. 유아들은 이름 후보들 중 이름 짓기 전략을 고려하여 가장 적합하다고 생각하는 것에 투표합니다. 투표를 통해 가장 많은 표를 받은 것을 새로운 반 이름으로 정합니다.

이름 후보에 투표하기

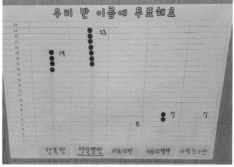

투표 결과

▶▶ 이 활동은 교실에서 함께한 경험을 토대로 이름을 생각할 수 있도록, 4~5월에 하기를 추천해요.
▶▶ 함께 감상할 사진은 반의 특징이 두드러지거나 아이들이 의미 있게 여겼던 경험이 잘 드러난 것으로 선정해 주세요.

따로 우리 반을 위한 홍보

새롭게 탄생한 우리 반 이름을 누군가 알아주고 불러 준다면 우리의 결정이 더욱 의미 있습니다. 다른 사람들이 우리 반 이름을 잘 알 수 있도록 이름의 의미가 잘 드러나는 로고를 만들어 봅니다. 로고에 들어갈 문구와 그림, 이름 색을 협의해 정하고 함께 만듭니다.

유아들과 만든 반 이름 로고를 가지고 각 반 교실과 교무실, 행정실 등을 다니며 새롭게 탄생한 반 이름을 알립니다. 그런 다음 이름 로고를 교실 입구에 붙여 둡니다.

반 이름 로고 만들기

로고를 교실 앞에 붙여 두기

아이들의 성장

"우리 생각이 진짜 우리 반의 이름이 되니 신기해요."

"우리 반 이름은 세상에 하나밖에 없어요."

"투표하는 방법이 재미있었어요."

"하나밖에 없는 이름으로 불려서 좋아요."

유·초 이음 TIP | 초등학교의 민주 시민 교육

✓ '2022 개정 교육과정'은 민주 시민 교육을 '학생이 자기 자신과 공동체적 삶의 주인임을 자각하고, 비판적 사고를 통해 자신이 속한 공동체의 문제를 상호 연대하여 해결할 수 있도록 지원하는 교육'으로 정의하고 있습니다.

✓ 학생들은 민주 시민 교육을 통해 자신의 생각을 주체적으로 말하고 표현하며, 세상에 관심과 책임감을 가지며, 개인과 공동체가 상호 작용하며 함께 살아가는 것을 배웁니다.

궁금한 꿀벌!

#정보 수집   #정보 활용   #사회 문제   #문제 해결력

우리가 살아가는 사회에는 언제나 다양한 문제들이 발생하고, 우리는 이 문제들을 해결해 나가면서 더 나은 세상을 만들어 갑니다. 유아기부터 주변에서 일어나는 크고 작은 사회적 문제에 관심을 가지고 이를 해결하는 방법을 찾고 실천해 보는 경험은 중요합니다. 유아들은 이런 경험을 통해 비판적 사고력과 문제 해결 능력을 기를 수 있고, 일상에서 발생하는 문제에 해결 방안을 찾고 실천하는 태도를 기르게 됩니다.

특히 유·초 이음교육에서 주변의 사회 문제를 함께 생각하고, 정보를 수집하며, 유아들 수준에서 실천 가능한 방안을 찾아 실행해 보는 경험이 중요합니다. 이런 경험은 아이들이 올바른 성인으로 성장하는 데 필요한 방향성을 제시해 줄 것입니다.

유·초 이음 교육과정 잇기

| 유치원 관련 영역
사회관계 > 사회에 관심 가지기 ▶ 내가 살고 있는 곳에 대해 궁금한 것을 알아본다.
자연 탐구 > 탐구 과정 즐기기 ▶ 주변 세계와 자연에 대해 지속적으로 호기심을 가진다.
자연 탐구 > 자연과 더불어 살기 ▶ 생명과 자연환경을 소중히 여긴다.

| 초등 교과 및 성취 기준
통합 > 약속 ▶ [2슬03-04] 우리의 생활과 관련된 지속 가능성의 다양한 사례를 찾고 탐색한다.

활동 방법 •─────────────────────────────

> **따로** ▶ 꿀벌의 놀라운 능력

『꿀벌과 함께 시작돼요』
에이미 갤러거 글, 제니 웨버 그림, 정희경 옮김, 봄나무

계절 변화에 따른 꿀벌의 여행을 통해 꿀벌이 하는 일, 꿀벌이 사람에게 주는 긍정적인 영향 등을 알려 줍니다. 벌집과 벌의 종류 등 꿀벌에 관한 다양한 정보가 예쁜 삽화로 그려져 있습니다.

그림책 표지의 그림을 보며 꿀벌을 본 경험을 이야기 나누고, 꿀벌이 무엇을 하고 있는지, 어떤 일을 하는지 추측해 봅니다. 교사가 표지에 작은 글씨로 쓰인 '작은 벌이 세상을 아름답게 꽃피워요'라는 문장과 책 제목을 읽어 주고 유아들과 함께 읽어 봅니다. 책 제목을 살펴보며 꿀벌과 함께 무엇이 시작될지 상상해 봅니다. 또한 '작은 벌이 세상을 아름답게 꽃피운다'는 말의 의미도 이야기 나누며 꿀벌에 관심과 호기심을 갖게 합니다.

그림책 시작 부분에서 꿀벌이 어디에 있을지 생각해 보고, 책을 다 읽고 난 뒤에는 꿀벌이 꽃가루를 옮겨 주지 않고 점점 사라져 간다면 식물들이 어떻게 될지 이야기해 봅니다.

<궁금한 그림책 질문들>

– 꿀벌은 어떤 일을 할까요?

– 꿀벌이 사라진다면 어떻게 될까요?

– 꿀벌이 사라지지 않게 하려면 우리는 어떤 것을 할 수 있나요?

▶▶ 그림책 대신 최근 벌들이 사라져 피해를 본다는 내용이 담긴 기사나 뉴스를 활용하여, 유아들이 사회적 이슈인 벌에 관심과 호기심을 갖게 할 수 있어요.

▶▶ 5월 20일 '세계 꿀벌의 날'과 연계하여, 계기 교육으로 수업을 진행할 수 있어요.

> **따로** ▸ **호기심 벌집 만들기**

유아들이 꿀벌에 관해 궁금한 점을 모아 보는 활동입니다.

교사는 벌집 모양의 육각형 포스트잇을 준비합니다. 유아들은 육각형 포스트잇에 벌에 관해 궁금한 점을 그림이나 글로 표현해 봅니다. 유아가 말한 것을 교사가 적어 주어도 됩니다. 유아들의 궁금증이 담긴 포스트잇을 모아 붙여 벌집처럼 만듭니다. 단순히 벌에 관해 궁금한 점을 질문하면 너무 광범위해 어려울 수 있습니다. 이전 활동에서 함께 본 그림책『꿀벌과 함께 시작돼요』의 그림을 다시 살펴보거나, 꿀벌을 크게 확대한 사진을 준비하여 꿀벌의 모습, 벌집, 침, 꿀 등 꿀벌에 대해 다각도로 호기심을 가질 수 있게 합니다.

육각형 포스트잇을 벌집처럼 이어 붙이고, 벌집을 육각형으로 만드는 이유를 함께 생각해 보고 우리 생각이 맞는지 찾아서 확인해 봅니다.

꿀벌에 관해 궁금한 점을 포스트잇에 적기

호기심 벌집

> **또 같이** ▸ **호기심 벌집, 답을 찾아서**

꿀벌에 관해 궁금한 점을 묻고 다양한 방법으로 답을 찾아보는 활동입니다.

먼저, 유아와 학생들은 호기심 벌집에 쓰인 궁금증에 대한 답을 찾을 방법을 함께 생각해 봅니다. 인터넷, 신문, 책 등 꿀벌과 관련해 준비해 올 수 있는 자료를 모아 봅니다. 함께 찾은 꿀벌에 관한 다양한 책과 자료를 유치원과 학교 교실에 전시하여 자유롭게 볼 수 있도록 합니다. 준비된 자료를 보며 호기심 벌집의 궁금한 점에 대한 답을 찾아봅니다. 자료 중에 호기심 벌집의 정답을 찾으면 학생들은 글씨로 적고 유아들이 스크랩할 수 있도록 교사가 도와줍니다.

유아와 학생들이 찾은 호기심 벌집 정답을 함께 이야기 나누고, 정답을 찾는 과정에서 새롭게 알게 된 사실을 발표하는 시간을 가지고 정보를 공유합니다. 이를 통해 정보를 수집하는 방법과 정보 수집의 중요성을 알 수 있습니다.

꿀벌 자료 모으기

꿀벌 정보 찾아 적기

▶▶ '따로' 활동으로 유아들과 정보를 찾는 방법을 이야기 나눈 뒤, 가정과 연계하여 부모님과 함께 호기심 벌집의 정답을 찾아 다른 유아들과 정보를 나눌 수 있어요.

또 같이 ▶ 꿀벌 OX 게임

OX 게임은 꿀벌에 관해 알게 된 정보를 즐겁게 익히고 견고히 하는 활동입니다. 먼저 교사는 꿀벌에 관해 유아들과 나눈 이야기에서 문제를 뽑아 게임을 준비합니다. 정답이 X면 왜 정답이 아닌지 이유를 알려 주고, 문제를 맞힌 유아들의 생각도 들어 봅니다. 정답만 맞히면 되는 단순한 OX 게임으로 끝나지 않도록 유의합니다.

꿀벌 OX 게임

또 같이 ▶ 지그재그 책 만들기

아이들이 꿀벌에 관해 알게 된 사실과 꿀벌을 살리기 위해 할 수 있는 실천 내용을 모아 서로 연결해 책을 만드는 활동입니다. 책으로 만들어 보는 활동을 통해 새롭게 알게 된 정보를 공유하고 나눌 수 있습니다.

먼저 유아와 1학년 학생들이 꿀벌에 관해 새롭게 알게 된 점이나 꿀벌을 살리기 위해 우리가 할 수 있는 것들을 생각해 봅니다. 지그재그 도안에 자신의 생각을 표현합니다. 각자의 지그재그 도안이 완성되면, 도안의 한쪽 끝을 풀칠하고 서로 이어 붙여 지그재그

지그재그 책 만들기

우리가 만든 지그재그 꿀벌 책

▶▶ 꿀벌을 살리기 위해 우리가 할 수 있는 것들
  - 밀원 식물 텃밭 만들기
  - 벌 호텔 만들기
  - 포스터 만들기
  - 양봉 사업에 기부하기

책을 완성합니다. 완성된 책은 교실에 전시하거나 다른 반에 공개하며 활동 결과를 공유하는 시간을 가집니다.

아이들의 성장

"궁금한 것을 찾을 때는 책이나 인터넷을 이용할 수 있어요."

"날씨가 이상해져서 꿀벌이 점점 사라지는 거예요."

"꿀벌을 살리려면 식물을 많이 심어야 해요."

"꿀벌이 우리에게 주는 좋은 점을 많이 알게 되었어요."

유·초 이음 TIP | '2022 개정 교육과정'의 핵심 역량

✓ '2022 개정 교육과정'에서 추구하는 인간상을 구현하기 위하여 교과 교육과 창의적 체험 활동을 통해 핵심 역량을 기릅니다.

✓ 핵심 역량에는 자기 관리 역량, 지식 정보 처리 역량, 창의적 사고 역량, 심미적 감성 역량, 협력적 소통 역량, 공동체 역량이 포함됩니다.

동물과의
행복한 동행

(#동물)　(#공존)　(#생명 존중)　(#실천)

　이제는 누군가의 친구이자 가족의 의미가 된 반려동물. 정서적 교감과 위안을 주는 대상으로 여겨지면서 반려동물과 함께하는 가족이 많아졌습니다. 하지만 그만큼 유기 동물의 수 또한 꾸준히 증가하고 있어 사회적으로 우려의 목소리가 커지고 있습니다.

　초등 교육과정에서는 이 같은 사회적 문제와 연계하여 학생들에게 생명 존중 교육의 주제로 반려동물을 다뤄 볼 수 있습니다. 더불어 유아기는 자신에 대한 이해와 타인에 대한 공감 능력이 발달하는 시기로, 반려동물과의 유대감이 형성되는 적기이기도 합니다. 아이들에게 '동물과의 공존'이라는 의미 있는 화두를 던지면, 유아와 1학년 학생들이 연계성을 갖고 생명의 소중함을 알아 가는 기회가 될 것입니다.

유·초 이음 교육과정 잇기

| 유치원 관련 영역
　자연 탐구 > 자연과 더불어 살기 ▶ 주변의 동식물에 관심을 가진다.
　자연 탐구 > 자연과 더불어 살기 ▶ 생명과 자연환경을 소중히 여긴다.
　예술 경험 > 창의적으로 표현하기 ▶ 다양한 미술 재료와 도구로 자신의 생각과 느낌을 표현한다.

| 초등 교과 및 성취 기준
　창의적 체험 활동 ▶ 자율·자치 활동

활동 방법

따로 ▶ 동물, 우리와 함께 살아가는 친구

유아들과 동요 '동물농장'을 들으며, 어떤 동물들이 등장하는지 이야기 나누어 봅니다. 우리 주변에 함께 살아가고 있는 동물 중 직접 보았거나 집에서 기르는 동물이 있는지 이야기 나눠 봅니다. 집에서 동물과 함께 지낸다면 기억에 남은 일화를 떠올려 보고, 함께 살지 않더라도 동물원이나 길에서 만난 동물과의 특별한 경험을 그림으로 그려 봅니다. 그림으로 표현한 동물과의 특별한 경험을 친구들과 공유합니다.

나와 교감한 동물 그리기

어떻게 부르면 좋을까요?

애완동물 : 사랑해서 가지고 노는 동물
반려동물 : 짝이 되어 친구로 삼는 동물

애완동물과 반려동물의 차이 알기

▶▶ 교사는 유아가 자신의 경험을 이야기할 때, 동물과 함께하면서 어떤 감정과 느낌이 들었는지 질문해 주세요.
▶▶ '반려동물'이라는 호칭의 의미를 알아보고, '애완동물'과 어떻게 다른지 알려 주세요.

따로 ▶ 사람에게 버려진 동물들

『모두의 개』
박자울 글·그림, 밝은미래

사람에게 버려져 유기견 보호소에 있다가 입양된 뒤 또다시 버려진 개의 실제 이야기를 바탕으로 한 그림책입니다. 개와 사람이 진정한 가족이 되어 가는 과정을 그렸습니다.

유아들과 함께 버려진 유기견이 자신의 이야기를 들려주는 그림책 『모두의 개』를 감상합니다. 그림책 장면에서 기억에 남는 부분, 책을 읽은 뒤의 느낌과 감정에 관해 이야기 나눕니다. 또 그림책 내용과 관련된 질문을 통해 '유기'에 대한 의미를 알아봅니다.

<궁금한 그림책 질문들>

– 그림책 속 개는 어디에 버려졌나요?

– 왜 사람들은 개를 버리는 걸까요?

– 이렇게 가족으로부터 버림받은 동물을 무엇이라고 부르나요?

– 유기된 동물들은 자신이 버려졌다는 것을 알고 어떤 마음이었을까요?

– 반려동물을 키우는 사람에게는 어떤 마음이 꼭 필요할까요?

▶▶ '사람들은 왜 동물을 버리게 될까요?'라는 질문에 대해 깊이 있게 이야기 나누며, 이어지는 다음 활동과 연계해 주세요.

▶▶ 유기견들의 삶을 보여 주는 애니메이션 '언더독'을 수업 자료로 활용할 수 있어요.

또 같이 ▶ **유기 동물을 위한 포스터**

사람들이 동물을 버리는 이유에 관해 생각해 봅니다.

<유기 발생 원인 예상하기>

– 반려동물이 자꾸 아파서

– 반려동물이 물건을 자꾸 고장 내서

– 반려동물에 관해 잘 몰라서

– 반려동물에게 더 이상 관심이 없어서

동물을 버리는 이유를 유기 동물이 발생하는 문제와 연결하고 이를 해결할 방법을 이야기 나눕니다. 아이들이 생각한 방법들을 주변에 알리기 위해 그림을 그려 포스터를 만들어 봅니다. 유아들과 1학년 학생들이 그린 포스터를 패들렛에 올려 공유하고, 서로의 포스터에 댓글 또는 반응을 기록합니다.

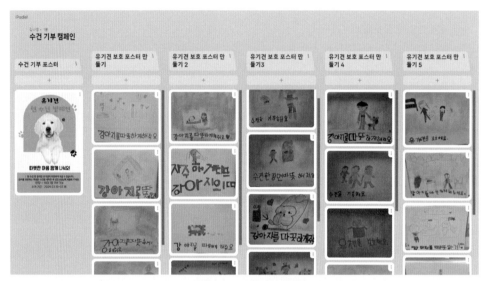

유기견 보호 포스터 만들어 패들렛에 공유하기

또 같이 ▶ **우리 힘으로 동물들을 지켜요**

유기견들을 구조하고 돌보는 유기견 보호소의 일상이 담긴 다큐멘터리를 시청합니다. 유기견 보호소에서 하는 일들을 이해하고, 우리 힘으로 도움을 실천할 수 있는 '수건 기부 활동'을 계획해 봅니다.

아이들은 유기 동물을 위해 수건 모으기 활동을 한다는 사실을 주변에 알리고, 다른 사람들도 동참할 수 있도록 캠페인을 준비합니다. 직접 그린 캠페인 포스터를 들고 유치원과 학교 시설 안팎을 돌며 기부 내용을 알리고, 모은 수건을 주변의 유기견 보호소에 기부합니다.

유치원의 유기동물 돕기 캠페인

1학년들의 수건 기부 활동

▶▶ 유튜브 채널 'KBS 동물 TV:애니멀포유'에서 유기견 보호소 활동을 담은 다큐멘터리를 시청하세요. 유기견 보호소에서 유기견들이 깔고 쓸 수건이 필요하다는 것을 알 수 있어요.

▶▶ 캠페인을 통해 수집한 수건은 유기동물 보호소에 기부할 수 있어요.

아이들의 성장

"동물과 함께 지내면 행복해요."

"버려진 동물들은 너무 슬펐을 것 같아요."

"동물을 키우면 끝까지 책임져야 해요."

"우리 집에서 함께 사는 동물은 나의 가족이에요."

"내가 동물들을 지켜 주고 싶어요."

유·초 이음 TIP | 초등학교의 생명 존중 교육

✓ 초등학교에서는 교과 및 창의적 체험 활동 시간을 통해 세상에서 단 하나밖에 없는 생명의 소중함에 대해 배웁니다.

✓ 창의적 체험 활동의 '자율·자치 활동' 영역에서 생명 존중 의식 활동을 해 볼 수 있습니다.

✓ 생명 존중 교육은 자살 예방 교육 및 학교 폭력 예방 교육과도 연계해서 배울 수 있습니다.

더하기 기법의 발명가

#창의력   #발상의 전환   #발명   #문제 해결   #상상 이야기

급변하는 현대 사회를 주도적으로 살아가야 하는 우리 아이들에게는 여러 상황과 변화 속에서 발생하는 문제를 해결하고 새로운 지식을 창출해 내는 창의성이 더욱 중요한 역량으로 강조됩니다. 창의성은 평범한 것을 다르게 바라볼 때 길러집니다. 현대 사회의 눈부신 발명 중에는 일상의 것을 다른 관점으로 보면서 탄생한 경우가 많습니다. 전화기와 PC를 결합한 스마트폰이 우리 생활에 혁신적인 변화를 일으킨 것처럼 말입니다.

일상의 물건들을 다른 시선으로 바라보고, 발상의 전환을 통해 마주한 문제들을 해결해 보는 발명 활동을 통해 아이들은 즐겁게 창의력을 키워 나갈 수 있습니다.

유·초 이음 교육과정 잇기

| 유치원 관련 영역
  자연 탐구 > 탐구 과정 즐기기 ▶ 주변 세계와 자연에 대해 지속적으로 호기심을 가진다.
  의사소통 > 책과 이야기 즐기기 ▶ 책에 관심을 가지고 상상하기를 즐긴다.
  예술 경험 > 창의적으로 표현하기 ▶ 다양한 미술 재료와 도구로 자신의 생각과 느낌을 표현한다.

| 초등 교과 및 성취 기준
  통합 > 상상 ▶ [2바04-02] 다양한 생각이나 의견에 대해 개방적인 태도를 형성한다.
         ▶ [2슬04-02] 상상한 것을 다양한 매체와 재료로 구현한다.
         ▶ [2즐04-02] 자유롭게 상상하며 놀이한다.

따로 붙이며 키워 가는 창의력

『붙여 볼까?』
카가미 켄 글·그림, 상상의집

서로 연관성 없는 두 가지 대상을 붙여 완전히 새로운 모습이 탄생하는 장면
을 보면서, 창의력을 키우고 발상을 전환할 수 있는 그림책입니다.

유아들과 그림책『붙여 볼까?』를 감상하며 전혀 다른 것 두 개를 붙이면 무엇이 될지
다양하게 상상해 보는 시간을 갖습니다. 그림책을 감상한 뒤에는 각 장면에 나왔던 물건
들을 새롭게 조합하여 창작해 봅니다.

<궁금한 그림책 질문들>

– 어떤 그림이 보이나요?

– 병아리와 강아지를 붙이면 어떻게 될까요?

– 병아리와 연필이 붙으면 어떤 모습으로 변신할까요?

또 같이 나도 '붙여 볼까?' 그림책 작가!

1학년 학생이 종이 한 장에 주변에 있는 물건이나 동물 그림을 두 개 그립니다. 학생들
이 그린 그림을 유아들에게 전달합니다. 유아들은 그림 속 사물들이 붙으면 어떤 모습이
될지 상상하여 그려 봅니다. 붙인 그림을 그린 뒤 그림에 어울리는 제목을 적어 봅니다.
붙인 그림들을 모아서 한 권의 그림책으로 만듭니다. 1학년 학생들과 유아들이 함께 만
든 그림책을 감상해 봅니다.

1학년 학생이 그린 두 개의 그림

두 그림을 붙인 유아의 그림

▶▶ 유아들과 학생들이 만든 결과물을 모아서 PPT나 북크리에이터를 활용해 한 권의 책으로 만들 수 있어요.

> **따로** ▶ **붙여서 새롭게 탄생한 우리 주변의 물건**

연필 지우개, 여행용 가방 등 우리 주변에서 연관성 없는 물건들이 붙어 새롭게 탄생한 물건을 찾아봅니다. 이렇게 서로 더해져 탄생한 물건들의 좋은 점을 알아봅니다. 더 나아가 우리도 물건들을 더해서 새로운 발명을 할 수 있다면, 어떤 점들을 생각해 봐야 할지 고민해 봅니다.

<예상 질문들>

– 우리 주변에 각각의 물건이 붙어서 탄생한 물건에는 어떤 것이 있을까요?

– 여행용 가방은 무엇과 무엇이 붙은 건가요?

– 가방과 바퀴가 더해지면 어떤 점이 좋을까요?

– 우리도 물건을 새롭게 만들 수 있다면 어떤 것을 붙여 보고 싶나요?

> **따로** ▶ **더하기 기법의 발명가들**

유아들과 함께 교실이나 주변에 있는 것 중 불편한 물건을 찾아봅니다. 찾은 물건들이 어떤 점에서 불편한지 이야기 나누고, 편리하게 사용하기 위해 무엇과 더해지면 좋을지 고민해 봅니다. 그림책 『붙여 볼까?』처럼 자신이 발명하고자 하는 물건을 그림으로 그리고 친구들과 공유합니다.

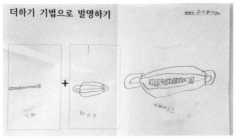

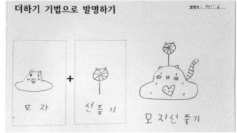

"마스크에 지퍼가 있으면 밥 먹을 때 편해요."　　　"모자에 선풍기가 달려 있어서 시원해요."

▶▶ 처음에 불편한 물건을 생각해 내기 어려워하면 교실이나 일상생활에서 사용하는 물건을 가지고 활동해 보세요. 평소 그 물건을 사용할 때 불편했던 점을 떠올려 보고, 어떤 것과 붙으면 편리해질지 생각해 보면 활동에 쉽게 참여할 수 있어요.

▶▶ 개별로 진행하기 어렵다면 모둠 활동으로 진행해 보세요. 또래와 함께 고민하다 보면 다양한 의견을 교류할 수 있어요.

<더하기 기법을 촉진하는 대화 예시>

교사　　풀을 사용할 때 어떤 점이 불편한가요?

유아1　만들기 할 때 풀이 빨리 마르지 않아서 고정이 안 돼요.

유아2　풀이 빨리 말라서 딱딱해지면 좋겠어요.

교사　　그럼 풀에 무엇이 더해지면 좋을까요?

유아3　풀과 작은 선풍기가 더해진 발명품이 있다면 어때요?

아이들의 성장

"더하기 방법이 너무 재미있어요."

"물건과 물건을 합쳐서 새로운 것을 만들 수 있다는 게 신기해요."

"더해서 만들어진 물건이 많다는 게 놀라워요."

"나도 발명가가 될 수 있을 것 같아요."

"그림책 내용이 정말 재미있어요. 다음에 또 읽어 보고 싶어요."

"새롭게 만든 물건의 이름을 짓는 게 재미있었어요."

유·초 이음 TIP | 초등학교 통합 교과 '상상' 단원

✓ '상상' 단원은 1학년 2학기에 배우며, 학생들이 체험을 통해 얻은 경험을 재창조하며 상상을 경험할
  수 있도록 구성되어 있습니다.

✓ '상상' 단원에서는 다양한 기본 활동을 하며 상상력을 마음껏 발휘해 볼 수 있습니다.

✓ '상상' 단원은 학생들이 아날로그와 디지털 매체를 활용하여 눈으로 본 것처럼 생생하게 상상할 수
  있게 하였습니다.

도서관에 간 아이들

(#책에 관심) (#상상하기) (#도서관 이용의 약속과 규칙) (#도서관 친밀감)

책 읽기는 글자와 소리의 관계를 이해하고 어휘력을 향상하며 문해력을 길러 줍니다. 이런 능력은 아이의 다양한 책 읽기 경험을 통해 서서히 형성됩니다. 그렇기 때문에 아이들이 지속해서 책을 찾는 독서 습관을 기르는 것이 매우 중요합니다. 독서 습관을 기르기 위해서는 독서의 즐거움을 다양하게 경험하고 동기를 부여하는 환경이 필요합니다.

그런 점에서 유아와 1학년 학생들에게 학교에 있는 도서관은 앞으로의 독서 습관에 토대를 만들어 주는 공간으로, 의미가 남다르다고 할 수 있습니다. 도서관이 책을 자꾸 찾게 하는 즐거운 아지트가 된다면, 책의 소중함도 느끼고 도서관에서의 약속과 규칙을 지키는 힘도 커질 것입니다.

유·초 이음 교육과정 잇기

| 유치원 관련 영역
  사회관계 > 더불어 생활하기 ▶ 약속과 규칙의 필요성을 알고 지킨다.
  의사소통 > 책과 이야기 즐기기 ▶ 책에 관심을 가지고 상상하기를 즐긴다.

| 초등 교과 및 성취 기준
  통합 > 학교 ▶ [2바01-01] 학교생활 습관과 학습 습관을 형성하여 안전하고 건강하게 생활한다.

활동 방법

따로 ▶ 도서관은 어떤 곳일까?

『도서관에 놀러 가요!』
톰 채핀&마이클 마크 글, 척 그로닝크 그림, 명혜권 옮김, 다림

주인공이 찾아간 도서관에는 동화 속 주인공들이 마법처럼 등장합니다. 노래를 흥얼거리며 책을 대여하는 과정과 도서관에서 지켜야 할 약속 등을 흥미롭고 즐겁게 표현한 그림책입니다.

 그림책『도서관에 놀러 가요!』를 읽고 책 내용을 회상해 보며 기억에 남는 장면이나 궁금한 점에 관해 이야기 나눕니다. 이전에 도서관에 가 본 유아가 있다면 경험을 들어 보며 도서관이 어떤 곳인지 예상해 봅니다.

<궁금한 그림책 질문들>

– 도서관에 간 아이는 책을 빌리기 위해 어떻게 했나요?

– 이 책에 등장한 주인공들은 왜 이렇게 살금살금 걸을까요?

– 실제로 도서관에 가 본 적이 있나요?

– 도서관에 간다면 만나고 싶은 책의 주인공은 누구인가요?

– 도서관에서 제일 좋아하는 공간이 있다면 어딘가요?

– 도서관에 계신 선생님은 어떤 일을 하실까요?

따로 ▶ 그림책 주인공들이 살아 있는 도서관

『도서관에 놀러 가요!』의 한 장면처럼, 도서관에는 그림책의 등장인물들이 살아 움직인다고 즐거운 상상을 해 봅니다. 유아들은 내가 간 도서관에서 그림책 등장인물 중 하

나를 만날 수 있다면 어떤 주인공을 만나 인사하고 싶은지 정해 봅니다. 그리고 주인공과 내가 어떤 말들을 주고받을지 상상해 봅니다. 내가 만나고 싶은 주인공을 그림으로 그리고, 말풍선을 이용해 대화 내용도 남겨 봅니다.

그림책 『이게 정말 마음일까?』의
주인공을 만난다면

그림책 『이게 정말 나일까?』의
주인공을 만난다면

또 같이 ▶ **형님들은 도서관 가이드**

유·초 이음교육을 함께하는 학교 또는 주변 도서관에 직접 가 봅니다. 1학년 학생은 유아들에게 일일 도서관 가이드 역할을 합니다. 1학년 학생과 유아를 일대일로 짝지어 주거나 유아 2~3명을 한 팀으로 묶어, 도서관 시설과 도서 검색, 대여 방법, 반납 방법 등을 설명해 줍니다.

지역 도서관 탐방

도서관 스탬프 투어

유아들은 알려 준 방법으로 직접 책을 찾고, 꺼내고, 빌려 보는 미션을 수행합니다. 각 도서관에서의 미션을 완료할 때마다 스탬프를 찍어 성취감을 느끼도록 합니다. 빌린 책을 도서관에서 읽은 뒤 정해진 장소에 반납하는 과정까지 경험해 봅니다.

또 같이 ▶ **도서관 탐험대, 규칙 힌트를 찾아라**

1학년 학생들이 도서관에서 지켜야 하는 규칙과 약속을 그림으로 그립니다. 규칙 그림을 퍼즐 모양으로 조각내고 도서관의 책 사이사이에 숨겨 놓습니다. 유아들은 학생들이 숨겨 놓은 조각을 찾아와 하나의 그림으로 붙여 도서관에서 지켜야 하는 약속을 완성합니다.

<도서관 규칙 예시>

1. 책을 소중히

2. 걸음은 사뿐사뿐

3. 읽은 책은 책 수레에

도서관 규칙 퍼즐 그림

도서관 규칙 퍼즐 찾아 맞추기

▶▶ 학교 도서관을 이용하기 어렵다면 인근 지역 도서관을 이용해 보세요.
▶▶ 1학년 학생들과 함께할 수 없는 상황이라면 교사가 도서관 규칙 퍼즐을 직접 만들어 지원해 주세요.
▶▶ 도서관에서의 경험이 유아들에게 인상 깊게 남았다면, '우리 반 도서'를 선정하여 이용 방법과 규칙을 정하고 교실 도서관을 운영할 수 있어요.

아이들의 성장 •————————————————————————————

"도서관에서 주인공들이 살아 움직이는 게 재밌었어요."

"'책을 찾고, 꺼내고, 빌려요.'가 노래처럼 계속 나와요."

"우리 반에도 도서관이 있었으면 좋겠어요!"

"초등학교에 가면 꼭 도서관에 가 보고 싶어요."

"도서관에 가면 신데렐라, 피노키오, 곰돌이 푸가 있으면 좋겠어요."

유·초 이음 TIP | 초등학교의 도서관 이용 교육

✓ 초등학교에 입학하면 교실 외의 다양한 특별실을 사용하는 방법과 규칙들을 배웁니다.

✓ 도서관의 경우 통합 교과의 '학교'를 통해 학교 도서관 이용 방법과 이용 규칙을 알아보고, 직접 책을 대출하고 반납하는 것을 실습해 보기도 합니다.

✓ 담임 선생님의 인솔 없이 아침 시간과 쉬는 시간을 이용해 학생들이 스스로 책을 대출하고 반납하면서 독서 습관을 갖추도록 하고 있습니다.

초등학교에 대한 소문!
진짜일까? 가짜일까?

#미디어 리터러시   #정보 변별   #비판적 사고   #질문의 힘

미디어는 세상의 여러 가지 소식과 정보들을 마치 거울처럼 비춰 우리에게 전해 줍니다. 하지만 때론 볼록 거울이나 오목 거울처럼 사물을 왜곡시켜 전혀 다른 모습으로 전달하기도 합니다. 이에 따라 거짓 정보를 걸러 내고 메시지의 의미를 제대로 파악하는 능력은 미래를 살아갈 우리 아이들에게 필수적인 역량이 되었습니다.

유·초 이음교육에서 1학년 학생들은 자신이 알고 있는 초등학교 생활 정보를 직접 생산해 보며 미디어 리터러시 능력을 기르고, 유아들은 초등학교 생활 정보를 주도적으로 변별해 보며 비판적 사고를 키우고 입학에 대한 심리적 안정감을 가질 수 있습니다.

유·초 이음 교육과정 잇기

| 유치원 관련 영역
의사소통 > 듣기와 말하기 ▶ 말이나 이야기를 관심 있게 듣는다.
사회관계 > 사회에 관심 가지기 ▶ 다양한 문화에 관심을 가진다.
자연 탐구 > 생활 속에서 탐구하기 ▶ 일상에서 모은 자료를 기준에 따라 분류한다.

| 초등 교과 및 성취 기준
통합 > 학교 ▶ [2바01-01] 학교생활 습관과 학습 습관을 형성하여 안전하고 건강하게 생활한다.
　　　　　▶ [2슬01-01] 학교 안팎의 모습과 생활을 탐색하며 안전한 학교생활을 한다.

활동 방법

> **따로** 의심스러운 점을 찾아라!

『감기 걸린 물고기』
박정섭 글·그림, 사계절

깊은 바닷속에 사는 아귀가 물고기들을 쉽게 잡아먹기 위해 거짓 소문을 퍼뜨립니다. 소문이 사실인지 아닌지 따져 보지 않은 물고기들이 서로 의심하고 배척하다가 결국 아귀에게 잡아먹히고 마는 이야기가 펼쳐집니다.

『감기 걸린 물고기』를 감상하기 전에 먼저 그림책 장면 일부를 발췌하여 글과 그림을 주의 깊게 봅니다.

<발췌한 장면 예시>

– 아귀가 빨간 물고기는 감기에 걸려서 열이 나 빨개진 거라고 주장하는 장면

– 아귀가 노란 물고기는 감기에 걸려서 노란 콧물이 나 노래진 거라고 주장하는 장면

– 아귀가 파란 물고기는 감기에 걸려서 으슬으슬 추워 파래진 거라고 주장하는 장면

<의문을 제기하는 질문 예시>

– 감기에 걸려도 열이 안 날 수 있잖아요?

– 왜 아귀는 저기에 몰래 숨어서 얘기하는 걸까요?

– 아귀가 감기 걸렸다고 알려 주는 이유는 뭘까요?

– 물고기의 어린 시절 사진을 가지고 오면 원래 색이 어땠는지 알 수 있지 않을까요?

유아들은 탐정이 된 것처럼 수집한 의문들에 관해 생각해 보고, 아귀가 말한 정보가 믿

을 만한지 서로 질문해 봅니다. 그런 다음 그림책을 처음부터 끝까지 함께 읽으며, 세상에는 가짜 소문도 있다는 사실을 알아봅니다.

▶▶ 사건에 대한 힌트처럼, 먼저 그림책 일부분을 살펴보며 정보의 진위를 추측해 볼 기회를 주세요.
▶▶ 그림책 결말을 알게 되면 아이들이 스스로 이상한 점을 찾거나 질문할 기회가 사라져 버리니 유의하세요.

또 같이 ▶ 초등 생활, 풍문으로 들었소!

유아들이 그동안 들었던 초등학교 생활에 대한 소문이나 궁금증들을 모아 봅니다. 모은 내용을 1학년 학생들에게 전달합니다. 내용을 전달받은 1학년 학생들은 초등학교 생활에 대해 진짜 정보와 가짜 정보를 주장하며, 그 근거를 설명하는 문장을 만듭니다. 한 명은 진짜 정보를 한 명은 가짜 정보를 실감 나게 발표합니다. 발표하는 영상을 촬영하여 유아들에게 전달합니다.

<진짜 정보와 가짜 정보 예시>

– 수업 시간에는 절대 화장실에 갈 수 없다. vs 상황에 따라 다녀올 수 있다.

– 쉬는 시간에는 화장실만 다녀와야 한다. vs 쉬는 시간에 친구들과 놀이할 수 있다.

1학년 학생들이 만든 진짜 정보와 가짜 정보

▶▶ 영상 촬영이 어렵다면 1학년들이 문장을 만들어 화상 회의 프로그램을 통해 유아들과 실시간 활동을 진행할 수 있어요.

유아들과 함께 1학년 학생들의 영상을 시청합니다. 영상을 본 뒤 유아들이 진짜 정보와 가짜 정보를 가려내기 위해 질문할 수 있도록 합니다.

<질문 예시>

 – 정말 갑자기 배가 아프거나 급하면 선생님이 화장실에 보내 주시지 않을까요?

 – 수업 중에 선생님에게 말하는 건 창피하고 힘들 수 있을 거 같은데요?

 – 쉬는 시간이 너무 짧아서 놀이할 수 있을까요?

그런 다음 진짜와 가짜를 판단할 수 있는 자료(1학년 관련 책을 찾아보거나 초등학교에 다니는 주변 사람에게 물어보기 등)를 통해 근거를 찾아봅니다.

또 같이 ▶ **진짜 정보를 알려 줄 전문가를 초대합니다**

1학년 학생들과 '진짜 정보, 가짜 정보'를 함께 만들어 주신 1학년 선생님을 초대합니다. 유아들이 변별한 진짜와 가짜 정보는 무엇인지, 왜 그렇게 생각했는지 전달합니다. 이것을 들은 1학년 선생님에게 진짜 정보와 함께 이와 관련된 구체적인 초등학교 생활에 관해 이야기를 듣습니다.

1학년 선생님에게 학교 생활에 대해 궁금한 내용 질문하기

▶▶ 초등학교 선생님을 직접 만나 이야기를 듣는 것만으로도 유아들은 초등학교 생활에 대한 기대감과 안정감을 가질 수 있어요.

▶▶ 1학년 선생님과 직접 만나기가 힘들면 화상 회의 프로그램을 이용할 수 있어요.

아이들의 성장

"정보에는 진짜도 있고 가짜도 있다는 사실을 알게 됐어요."

"1학년 형님들이 내는 진짜와 가짜 문제가 너무 재미있어요."

"학교에 관해 알려 주는 책에서 진짜 가짜 문제를 본 적 있어요."

"초등학교 선생님도 만나고 형님들이 정보를 말해 줘서 학교가 기대돼요."

"나는 진짜인 사실만 알려 주고 싶어요."

유·초 이음 TIP | 초등학교 통합 교과 '학교' 단원

✓ '학교' 단원은 입학 초기 적응 활동을 위한 단원으로, 3월에 사용합니다.

✓ '학교' 단원은 1학년 학생들이 초등학생으로 생활하는 데 필요한 내용을 담고 있습니다.

✓ 학교생활 적응에 필요한 기본 생활 습관, 학습 습관, 학교 공간에 대한 이해, 안전, 놀이 활동 등을 포함하고 있습니다.

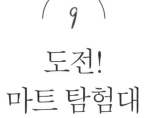

9

도전!
마트 탐험대

(#공공장소) (#규칙) (#함께 살아가는 공간) (#사람들)

우리는 다양한 공간에서 여러 사람들과 어울려 살아갑니다. 아이들이 성장하면서 자신이 어디에서 누구와 함께 살아가는지 생각해 보는 것은 매우 중요합니다.

유·초 이음교육에서는 아이들에게 친숙한 공간인 '마트'를 주제로 활동하면서 주변 사람들이 살아가는 모습을 관찰하고, 지켜야 할 규칙들을 배우고 실천할 기회를 가집니다. 이 활동을 통해 다른 일상 공간에서도 지켜야 할 규칙들을 실천하며 자신을 조절하는 능력을 키울 수 있습니다. 이런 경험들은 아이들이 어른으로 성장했을 때 사회 일원으로서 중요한 역할을 수행하는 데 든든한 바탕이 될 것입니다.

유·초 이음 교육과정 잇기

| 유치원 관련 영역
  신체 운동·건강 > 안전하게 생활하기 ▶ 교통안전 규칙을 지킨다.
  사회관계 > 더불어 생활하기 ▶ 친구와 어른께 예의 바르게 행동한다.
  사회관계 > 더불어 생활하기 ▶ 약속과 규칙의 필요성을 알고 지킨다.

| 초등 교과 및 성취 기준
  통합 > 학교 ▶ [2슬01-01] 학교 안팎의 모습과 생활을 탐색하며 안전한 학교생활을 한다.
  통합 > 사람들 ▶ [2슬01-03] 가족이나 주변 사람에게 관심을 갖고 함께 살아가는 모습을 탐구한다.

활동 방법 ●──────────────────────────────────────

> 따로 **인터넷 지도로 우리 동네 살피기**

아이들과 함께 동네에서 가족과 방문했던 장소에 관해 이야기를 나누어 봅니다. 아이들이 각자 다녀온 장소를 공유하고, 그 장소의 특징과 기억에 남는 점을 이야기합니다.

아이들이 이야기한 장소와 경험을 보드판에 정리합니다. 각 장소마다 간단한 그림이나 사진을 첨부하면 더 흥미롭게 만들 수 있습니다. 보드판의 장소 중에서 함께 살펴보고 싶은 장소를 정해 인터넷 지도로 검색해 봅니다. 이를 통해 아이들은 자신이 다녀온 장소의 위치를 더 정확하게 이해하고, 주변에 어떤 다른 장소들이 있는지 함께 살펴보면서 동네에 대한 지식을 확장합니다.

유아들의 인터넷 지도로 동네 살피기

초등학생들의 인터넷 지도로 동네 살피기

▶▶ 아이들이 개인별로 태블릿을 활용해 조사 활동을 하기 어려운 환경이라면, 선생님이 사용하는 컴퓨터를 활용해 수업을 진행해 볼 수 있어요.

> 또 같이 **마트에 가면 무엇이 있나?**

마트에 직접 가 보기 전에 공간에 대한 이해와 규칙들을 함께 생각해 보는 시간을 가져 봅니다.

먼저 유아들과 1학년 학생들은 '마트' 하면 떠오르는 낱말을 포스트잇에 씁니다. 유아들의 경우 아직 한글을 쓰는 것이 어렵기 때문에 1학년 학생들과 교사의 도움을 받습니다.

교사는 아이들이 쓴 포스트잇을 보드판에 붙이고 다른 아이들이 볼 수 있게 합니다. 마트와 관련해 떠오르는 낱말들을 함께 살펴보며, 마트에서 지켜야 할 규칙에 관해 이야기를 나눕니다. 예를 들어 '장난감'이라는 낱말에는 '마트에 있는 물건은 함부로 만지지 않아요.'라고 말하면서 낱말에 연상되는 규칙들을 생각해 보고, 마트에 가면 지켜야 할 약속표를 만듭니다.

포스트잇에 마트 관련 낱말 쓰기

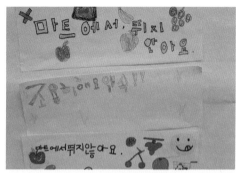

마트에서 지켜야 할 약속표

▶▶ 포스트잇에 마트 관련 낱말을 쓸 때나 약속표를 만들 때, 모둠별로 4~6명씩 인원을 구성하여 아이들이 협력하며 활동할 수 있도록 도와주세요.

또 같이 ▶ 마트 탐험대 출동!

마트에는 무엇이 있고 마트에서 지켜야 할 약속들은 무엇인지 충분히 이야기 나누었다면, 직접 마트에 가서 물건을 사는 경험을 해 봅니다.

마트는 여러 사람이 이용하는 공간으로, 아이들 여럿이 한 코너에 모여 있으면 마트를 이용하는 분들에게 불편을 끼칠 수 있습니다. 아이들을 그룹으로 나누어 자신이 계획한 물건을 구입할 수 있게 합니다. 물건을 구입하기 전 마트에서 지켜야 할 규칙들을 다시 한번 상기하는 것이 중요하며, 유아와 1학년 학생들이 팀을 이루어 구입하려는 물건을 선택하고 장바구니에 담습니다.

마트에서 물건 구입하기

▶▶ 직접 마트에 가 보는 경험은 아이들에게 의미 있을 수 있으나, 안전 문제를 고려해 기관 내에서 마트 놀이로 대체 활동을 할 수도 있어요.

▶▶ 실제로 마트에 가기 전 안전 교육 활동을 연계 실시하여, 아이들이 안전하게 체험 활동을 할 수 있게 해 주세요.

따로 ▶ **마트 탐험대, 대원들의 뒷이야기**

마트에 다녀온 뒤 유아들은 자신의 경험을 공유하는 시간을 가집니다. 이때 유아들은 마트에서 어떤 경험을 했는지, 무슨 물건을 보았는지, 누구와 함께 있었는지 등을 자유롭게 이야기합니다. 유아들은 서로의 경험을 듣고 공감하며 다양한 관점을 이해하는 기회를 가질 수 있습니다.

1학년 학생들은 체크리스트 활동지를 활용하여 공공장소에서 지켜야 할 규칙을 잘 지켰는지 스스로 돌아봅니다. 체크리스트에는 자기 행동을 반성하고 개선할 내용이 포함되어 있습니다. 이 활동은 학생들이 계획을 세우고 실행하는 능력을 기르는 데 큰 도움이 됩니다. 또한 공공장소에서 규칙을 지키는 것이 왜 중요한지 스스로 생각해 보는 기회를 제공합니다. 학생들은 이런 활동을 통해 계획된 행동의 중요성과 규칙 준수의 필요성을 자연스럽게 배우게 됩니다.

초등학생들의 마트 이용 규칙 체크리스트

아이들의 성장

"마트에 친구들과 형님들과 함께 가서 재미있어요."

"다음에는 다른 장소에도 가 보고 싶어요."

"마트에서 물건을 사는 것도, 가는 길에 동생들과 이야기하는 것도 재미있었어요."

> **유·초 이음 TIP | '2022 개정 교육과정'의 안전 교육 변화**
>
> ✓ '2015 개정 교육과정'의 창의적 체험 활동에서 다뤘던 '안전한 생활' 수업은 '2022 개정 교육과정'에서 '통합' 교과에 포함되어 진행됩니다.
>
> ✓ 1~2학년군에서는 '7대 안전 교육 표준안' 영역 중 '직업 안전'을 제외한 6개 영역(생활 안전, 교통안전, 폭력 예방 및 신변 보호, 재난 안전, 약물 및 사이버 중독 예방, 응급 처치)을 다룹니다.

6부

유치원 - 초등학교 1학년
교육과정 잇기

유·초 이음교육 준비 시 교육과정의 연계성을 쉽게 찾을 수 있도록, 유치원 누리과정의 5개 영역 및 내용 범주와 초등학교 1학년 교육과정의 교과별 성취 기준 및 주요 학습 내용을 한눈에 보기 쉽게 정리하였습니다.

1. 유치원 누리과정 5개 영역 및 내용 범주

신체 운동·건강 영역	

목표	

실내외에서 신체 활동을 즐기고, 건강하고 안전한 생활을 한다.
1) 신체 활동에 즐겁게 참여한다.
2) 건강한 생활 습관을 기른다.
3) 안전한 생활 습관을 기른다.

내용 범주	내용
신체 활동 즐기기	신체를 인식하고 움직인다. 신체 움직임을 조절한다. 기초적인 이동 운동, 제자리 운동, 도구를 이용한 운동을 한다. 실내외 신체 활동에 자발적으로 참여한다.

건강하게 생활하기	자신의 몸과 주변을 깨끗이 한다. 몸에 좋은 음식에 관심을 가지고 바른 태도로 즐겁게 먹는다. 하루 일과에서 적당한 휴식을 취한다. 질병을 예방하는 방법을 알고 실천한다.
안전하게 생활하기	일상에서 안전하게 놀이하고 생활한다. TV, 컴퓨터, 스마트폰 등을 바르게 사용한다. 교통안전 규칙을 지킨다. 안전사고, 화재, 재난, 학대, 유괴 등에 대처하는 방법을 경험한다.

의사소통 영역

목표
일상생활에 필요한 의사소통 능력과 상상력을 기른다. 1) 일상생활에서 듣고 말하기를 즐긴다. 2) 읽기와 쓰기에 관심을 가진다. 3) 책이나 이야기를 통해 상상하기를 즐긴다.

내용 범주	내용
듣기와 말하기	말이나 이야기를 관심 있게 듣는다. 자신의 경험, 느낌, 생각을 말한다. 상황에 적절한 단어를 사용하여 말한다. 상대방이 하는 이야기를 듣고 관련해서 말한다. 바른 태도로 듣고 말한다. 고운 말을 사용한다.
읽기와 쓰기에 관심 가지기	말과 글의 관계에 관심을 가진다. 주변의 상징, 글자 등의 읽기에 관심을 가진다. 자신의 생각을 글자와 비슷한 형태로 표현한다.
책과 이야기 즐기기	책에 관심을 가지고 상상하기를 즐긴다. 동화, 동시에서 말의 재미를 느낀다. 말놀이와 이야기 짓기를 즐긴다.

사회관계 영역

목표
자신을 존중하고 더불어 생활하는 태도를 가진다. 1) 자신을 이해하고 존중한다. 2) 다른 사람과 사이좋게 지낸다. 3) 우리가 사는 사회와 다양한 문화에 관심을 가진다.

내용 범주	내용
나를 알고 존중하기	나를 알고 소중히 여긴다. 나의 감정을 알고 상황에 맞게 표현한다. 내가 할 수 있는 것을 스스로 한다.
더불어 생활하기	가족의 의미를 알고 화목하게 지낸다. 친구와 서로 도우며 사이좋게 지낸다. 친구와의 갈등을 긍정적인 방법으로 해결한다. 서로 다른 감정, 생각, 행동을 존중한다. 친구와 어른께 예의 바르게 행동한다. 약속과 규칙의 필요성을 알고 지킨다.
사회에 관심 가지기	내가 살고 있는 곳에 대해 궁금한 것을 알아본다. 우리나라에 대해 자부심을 가진다. 다양한 문화에 관심을 가진다.

예술 경험 영역

목표
아름다움과 예술에 관심을 가지고 창의적 표현을 즐긴다. 1) 자연과 생활 및 예술에서 아름다움을 느낀다. 2) 예술을 통해 창의적으로 표현하는 과정을 즐긴다. 3) 다양한 예술 표현을 존중한다.

내용 범주	내용
아름다움 찾아보기	자연과 생활에서 아름다움을 느끼고 즐긴다. 예술적 요소에 관심을 갖고 찾아본다.
창의적으로 표현하기	노래를 즐겨 부른다. 신체, 사물, 악기로 간단한 소리와 리듬을 만들어 본다. 신체나 도구를 활용하여 움직임과 춤으로 자유롭게 표현한다. 다양한 미술 재료와 도구로 자신의 생각과 느낌을 표현한다. 극놀이로 경험이나 이야기를 표현한다.

예술 감상하기	다양한 예술을 감상하며 상상하기를 즐긴다. 서로 다른 예술 표현을 존중한다. 우리나라 전통 예술에 관심을 갖고 친숙해진다.

자연 탐구 영역

목표
탐구하는 과정을 즐기고, 자연과 더불어 살아가는 태도를 가진다. 1) 일상에서 호기심을 가지고 탐구하는 과정을 즐긴다. 2) 생활 속의 문제를 수학적, 과학적으로 탐구한다. 3) 생명과 자연을 존중한다.

내용 범주	내용
탐구 과정 즐기기	주변 세계와 자연에 대해 지속적으로 호기심을 가진다. 궁금한 것을 탐구하는 과정에 즐겁게 참여한다. 탐구 과정에서 서로 다른 생각에 관심을 가진다.
생활 속에서 탐구하기	물체의 특성과 변화를 여러 가지 방법으로 탐색한다. 물체를 세어 수량을 알아본다. 물체의 위치와 방향, 모양을 알고 구별한다. 일상에서 길이, 무게 등의 속성을 비교한다. 주변에서 반복되는 규칙을 찾는다. 일상에서 모은 자료를 기준에 따라 분류한다. 도구와 기계에 대해 관심을 가진다.
자연과 더불어 살기	주변의 동식물에 관심을 가진다. 생명과 자연환경을 소중히 여긴다. 날씨와 계절의 변화를 생활과 관련짓는다.

출처 『2019 개정 누리과정 해설서』 교육부, 보건복지부

2. 초등학교 1학년 과목별 성취 기준 및 내용

'성취 기준'이란?

학생들이 '교과를 통해 배워야 할 내용과 학습의 결과, 학생들이 무엇을 할 수 있는지를 나타내는 수행 기준'입니다. '성취 기준'은 내용 체계의 '지식·이해', '과정·기능', '가치·태도' 범주의 내용 요소들을 서로 결합하여 진술하였습니다.

국어			
학기	대단원명	성취 기준	주요 학습 내용
1	한글 놀이	[2국01-03] 상대의 말을 집중하여 듣고 말 차례를 지키며 대화한다. [2국02-05] 읽기에 흥미를 가지고 즐겨 읽는 태도를 지닌다. [2국04-01] 한글 자모의 이름과 소릿값을 알고 정확하게 발음하고 쓴다.	• 여러 가지 선 긋기 • 모양이 같은 그림 찾기 • 글자 모양 찾기 • 소리마디 구분하기 • 말놀이 하기 • 선 잇기 • 글자 구별하기 • 말놀이하기 • 모음자 자음자 익히기 • 모음자 자음자 놀이하기 • 모음자 자음자 바르게 읽고 쓰기

		[2국04-01] 한글 자모의 이름과 소릿값을 알고 정확하게 발음하고 쓴다. [2국03-01] 글자와 단어를 바르게 쓴다. [2국02-01] 글자, 단어, 문장, 짧은 글을 정확하게 소리 내어 읽는다.	• 글자에서 자음자와 모음자 찾기 • 받침이 없는 글자의 짜임 알기 • 바른 자세로 글자 읽고 쓰기 • 여러 가지 모음자 알기 • 자음자, 모음자로 놀이하기
	1. 글자를 만들어요		
	2. 받침이 있는 글자를 읽어요	[2국01-04] 자신의 경험이나 생각을 바른 자세로 발표한다. [2국03-01] 글자와 단어를 바르게 쓴다. [2국04-01] 한글 자모의 이름과 소릿값을 알고 정확하게 발음하고 쓴다.	• 받침이 있는 글자의 짜임 알기 • 받침이 있는 글자 읽기 • 바른 자세로 발표하기 • 다른 사람의 말을 집중해서 듣기 • 여러 가지 방법으로 낱말 찾기
	3. 낱말과 친해져요	[2국02-01] 글자, 단어, 문장, 짧은 글을 정확하게 소리 내어 읽는다. [2국03-01] 글자와 단어를 바르게 쓴다. [2국04-01] 한글 자모의 이름과 소릿값을 알고 정확하게 발음하고 쓴다.	• 글자의 짜임을 생각하며 받침이 있는 글자 쓰기 • 받침이 있는 글자를 바르게 쓰기 • 여러 가지 자음자 알기 • 자신 있게 낱말 읽기 • 우리 주변에서 여러 가지 낱말 찾기
1	4. 여러 가지 낱말을 익혀요	[2국02-01] 글자, 단어, 문장, 짧은 글을 정확하게 소리 내어 읽는다. [2국05-01] 말놀이, 낭송 등을 통해 말의 재미와 즐거움을 느낀다. [2국06-01] 일상의 다양한 매체와 매체 자료에 흥미와 관심을 가진다.	• 나와 가족에 관련된 낱말 익히기 • 나와 가족에 관련된 이야기를 듣고 낱말 읽고 쓰기 • 학교와 이웃에 관련된 낱말 익히기 • 학교와 이웃에 관련된 이야기를 듣고 낱말 읽고 쓰기 • 생활 속 여러 가지 낱말과 친해지기
	5. 반갑게 인사해요	[2국01-02] 바르고 고운 말로 서로의 감정을 나누며 듣고 말한다. [2국01-05] 듣기와 말하기에 관심과 흥미를 가진다. [2국02-05] 읽기에 흥미를 가지고 즐겨 읽는 태도를 지닌다. [2국04-02] 소리와 표기가 다를 수 있음을 알고 단어를 바르게 읽고 쓴다.	• 알맞은 인사말 알기 • 상황에 알맞은 인사말 하기 • 동시를 듣고 따라 읽기 • 낱말 바르게 읽기 • 여러 가지 상황에서 인사하기
	6. 또박또박 읽어요	[2국02-01] 글자, 단어, 문장, 짧은 글을 정확하게 소리 내어 읽는다. [2국02-02] 의미가 잘 드러나도록 문장과 짧은 글을 알맞게 띄어 읽는다. [2국04-03] 문장과 문장 부호를 알맞게 쓰고 한글에 호기심을 가진다. [2국05-02] 작품을 듣거나 읽으면서 느끼거나 생각한 점을 말한다.	• 여러 가지 문장 읽기 • 문장의 뜻을 생각하며 읽기 • 문장 부호의 쓰임 알기 • 자연스럽게 문장 읽기

1	7. 알맞은 낱말을 찾아요	[2국04-03] 문장과 문장 부호를 알맞게 쓰고 한글에 호기심을 가진다. [2국03-01] 글자와 단어를 바르게 쓴다. [2국03-02] 쓰기에 흥미를 가지며 자신의 생각이나 느낌을 문장으로 표현한다.	• 여러 가지 받침이 있는 낱말 읽고 쓰기 • 그림을 보고 낱말 찾기 • 그림을 보고 문장으로 말하기 • 여러 가지 문장 완성하기 • 다양한 문장 만들기
2	1. 기분을 말해요	[2국01-02] 바르고 고운 말로 서로의 감정을 나누며 듣고 말한다. [2국03-02] 쓰기에 흥미를 가지며 자신의 생각이나 느낌을 문장으로 표현한다. [2국05-01] 말놀이, 낭송 등을 통해 말의 재미와 즐거움을 느낀다.	• 흉내 내는 말 알기 • 흉내 내는 말을 넣어 문장 만들기 • 기분을 나타내는 말 하기 • 듣는 사람을 생각하며 자신의 기분 말하기 • 여러 상황에서 자신의 기분 표현하기
	2. 낱말을 정확하게 읽어요	[2국02-03] 글을 읽고 중심 내용을 확인한다. [2국02-01] 글자, 단어, 문장, 짧은 글을 정확하게 소리 내어 읽는다. [2국04-02] 소리와 표기가 다를 수 있음을 알고 단어를 바르게 읽고 쓴다. [2국03-01] 글자와 단어를 바르게 쓴다.	• 글자의 짜임 알기 • 받침에 주의하며 문장 쓰기 • 받침이 있는 낱말에 주의하며 글 읽기 • 글쓴이가 하고 싶은 말 찾기 • 글을 읽고 인물의 생각 알기 • 주변에서 겹받침 낱말 찾아보기
	3. 그림일기를 써요	[2국01-04] 자신의 경험이나 생각을 바른 자세로 발표한다. [2국03-04] 겪은 일을 표현하는 글을 자유롭게 쓰고, 쓴 글을 함께 읽고 생각이나 느낌을 나눈다. [2국06-02] 일상의 경험과 생각을 글과 그림으로 표현한다.	• 여러 사람 앞에서 발표하는 자세 알아보기 • 자신이 경험한 일이 잘 드러나게 발표하기 • 기억에 남는 일을 문장으로 말하기 • 그림일기를 쓰는 방법 알기 • 경험한 일을 그림일기로 쓰기
	4. 감동을 나누어요	[2국01-01] 중요한 내용이나 일이 일어난 순서를 고려하며 듣고 말한다. [2국05-02] 작품을 듣거나 읽으면서 느끼거나 생각한 점을 말한다. [2국06-01] 일상의 다양한 매체와 매체 자료에 흥미와 관심을 가진다.	• 누가 무엇을 했는지 생각하며 이야기 듣기 • 이야기를 읽고 일이 일어난 차례 정리하기 • 만화 영화를 보고, 있었던 일 정리하기 • 만화 영화를 보고 감동적인 장면에 대해 이야기 나누기 • 책을 읽거나 만화 영화를 보고 자신의 생각 표현하기

2	5. 생각을 키워요	[2국02-05] 읽기에 흥미를 가지고 즐겨 읽는 태도를 지닌다. [2국04-02] 소리와 표기가 다를 수 있음을 알고 단어를 바르게 읽고 쓴다. [2국05-02] 작품을 듣거나 읽으면서 느끼거나 생각한 점을 말한다.	• 한글을 소중히 여기기 • 글자에 관심 가지기 • 책에 흥미 가지기 • 글을 읽고 생각이나 느낌 나누기 • 독서 계획 세우기
	6. 문장을 읽고 써요	[2국02-02] 의미가 잘 드러나도록 문장과 짧은 글을 알맞게 띄어 읽는다. [2국03-02] 쓰기에 흥미를 가지며 자신의 생각이나 느낌을 문장으로 표현한다. [2국04-03] 문장과 문장 부호를 알맞게 쓰고 한글에 호기심을 가진다. [2국05-04] 시나 노래, 이야기에 흥미를 가진다.	• 생각을 문장으로 나타내기 • 시를 읽고 자신의 생각을 문장으로 나타내기 • 낱말을 바르게 쓰고 읽기 • 문장을 자연스럽게 띄어 읽기 • 글의 의미를 생각하며 읽기 • 자연스럽게 띄어 읽기
	7. 무엇이 중요할까요	[2국01-01] 중요한 내용이나 일이 일어난 순서를 고려하며 듣고 말한다. [2국02-03] 글을 읽고 중심 내용을 확인한다. [2국03-04] 겪은 일을 표현하는 글을 자유롭게 쓰고, 쓴 글을 함께 읽고 생각이나 느낌을 나눈다.	• 무엇을 설명하는지 생각하며 글 읽기 • 글을 읽고 새롭게 안 점 말하기 • 겪은 일을 정리하는 방법 알기 • 겪은 일이 잘 드러나는 글 쓰기 • 겪은 일 쓰기
	8. 느끼고 표현해요	[2국05-02] 작품을 듣거나 읽으면서 느끼거나 생각한 점을 말한다. [2국05-03] 작품 속 인물의 모습, 행동, 마음을 상상하여 시, 노래, 이야기, 그림 등으로 표현한다. [2국05-04] 시나 노래, 이야기에 흥미를 가진다.	• 장면을 떠올리며 시 낭송하기 • 인물의 모습과 행동 상상하기 • 연극을 보고 인물의 행동과 생각 알기 • 이야기를 읽고 생각이나 느낌 나누기 • 정지 동작으로 표현하기

출처_『초등학교 국어 교사용 지도서 1-1, 1-2』교육부

학기	대단원명	성취 기준	주요 학습 내용
1	1. 9까지의 수	[2수01-01] 수의 필요성을 인식하면서 0과 100까지의 수 개념을 이해하고, 수를 세고 읽고 쓸 수 있다. [2수01-03] 네 자리 이하의 수의 범위에서 수의 계열을 이해하고, 수의 크기를 비교할 수 있다.	• 1부터 9까지의 수 개념 이해하고, 수를 세어 읽고 쓰기 • 몇째인지 순서를 알아보고 1부터 9까지의 수의 순서 이해하기 • 1만큼 더 큰 수와 1만큼 더 작은 수 알아보기 • 0의 개념을 이해하고 읽고 쓰기 • 수의 크기 비교하기
	2. 여러 가지 모양	[2수03-01] 교실 및 생활 주변에서 여러 가지 물건을 관찰하여 직육면체, 원기둥, 구의 모양을 찾고, 이를 이용하여 여러 가지 모양을 만들 수 있다.	• 일상 생활에서 ▰▮● 모양 찾기 • ▰▮● 모양의 물건을 같은 모양끼리 분류하기 • ▰▮● 모양을 손으로 만지며 특징 설명하기 • ▰▮● 모양을 이용해서 만들기
	3. 덧셈과 뺄셈	[2수01-04] 하나의 수를 두 수로 분해하고 두 수를 하나의 수로 합성하는 활동을 통하여 수 감각을 기른다. [2수01-05] 덧셈과 뺄셈이 이루어지는 실생활 상황과 연결하여 덧셈과 뺄셈의 의미를 이해한다. [2수01-06] 두 자리 수의 범위에서 덧셈과 뺄셈의 계산 원리를 이해하고 그 계산을 할 수 있다.	• 모으기와 가르기의 의미 알기 • 상황에 적합한 덧셈과 뺄셈의 이야기 만들기 • 덧셈의 의미를 이해하고 덧셈식 읽고 쓰기 • 뺄셈의 의미를 이해하고 뺄셈식 읽고 쓰기 • 0이 있는 덧셈과 뺄셈하기 • 상황에 적합한 덧셈식과 뺄셈식 나타내기
	4. 비교하기	[2수03-06] 구체물의 길이, 들이, 무게, 넓이를 비교하여 각각 '길다, 짧다', '많다, 적다', '무겁다, 가볍다', '넓다, 좁다' 등을 구별하여 말할 수 있다.	• 길이를 비교하는 방법을 알고, 길이를 비교하여 '길다, 짧다'로 표현하기 • 무게를 비교하는 방법을 알고, 무게를 비교하여 '무겁다, 가볍다'로 표현하기 • 넓이를 비교하는 방법을 알고, 넓이를 비교하여 '넓다, 좁다'로 표현하기 • 담을 수 있는 양을 비교하는 방법을 알고, 담을 수 있는 양을 비교하여 '많다, 적다'로 표현하기 • 길이, 무게, 넓이, 들이 비교하기에 관한 문제 해결하기

1	5. 50까지의 수	[2수01-01] 수의 필요성을 인식하면서 0과 100까지의 수 개념을 이해하고, 수를 세고 읽고 쓸 수 있다. [2수01-03] 네 자리 이하의 수의 범위에서 수의 계열을 이해하고, 수의 크기를 비교할 수 있다. [2수01-04] 하나의 수를 두 수로 분해하고 두 수를 하나의 수로 합성하는 활동을 통하여 수 감각을 기른다.	• 10을 세고 읽고 쓰기 • 모으기와 가르기 해 보기 • 50까지의 수를 10개씩 묶음과 낱개로 나타내고, 수를 세고 읽고 쓰기 • 50까지 수의 순서 알아보기 • 수의 크기 비교하기 • 50까지의 수와 관련된 다양한 문제를 여러 가지 방법으로 해결하기
2	1. 100까지의 수	[2수01-01] 수의 필요성을 인식하면서 0과 100까지의 수 개념을 이해하고, 수를 세고 읽고 쓸 수 있다. [2수01-03] 네 자리 이하의 수의 범위에서 수의 계열을 이해하고, 수의 크기를 비교할 수 있다.	• 99까지의 수를 10개씩 묶음과 낱개로 나타내고, 수를 세어 읽기 • 100까지 수의 순서를 이해하고 말하기 • 두 수의 크기를 비교하여 부등호로 나타내기 • 짝수와 홀수를 이해하고 구별하기 • 100까지의 수에 관한 문제 해결하기
	2. 덧셈과 뺄셈(1)	[2수01-05] 덧셈과 뺄셈이 이루어지는 실생활 상황과 연결하여 덧셈과 뺄셈의 의미를 이해한다. [2수01-06] 두 자리 수의 범위에서 덧셈과 뺄셈의 계산 원리를 이해하고 그 계산을 할 수 있다. [2수01-08] 두 자리 수의 범위에서 세 수의 덧셈과 뺄셈을 할 수 있다.	• 세 수의 덧셈해 보기 • 세 수의 뺄셈해 보기 • 10이 되는 더하기 해 보기 • 10에서 빼기 해 보기 • 10을 만들어 더해 보기
	3. 모양과 시각	[2수03-03] 교실 및 생활 주변에서 여러 가지 물건을 관찰하여 삼각형, 사각형, 원의 모양을 찾고, 이를 이용하여 여러 가지 모양을 만들 수 있다. [2수03-07] 시계를 보고 시각을 '몇 시 몇 분'까지 읽을 수 있다.	• □△○ 모양 찾아보기 • □△○ 알아보기 • 여러 가지 모양 만들어 보기 • 몇 시 알아보기 • 몇 시 30분 알아보기 • 몇 시, 몇 시 30분을 모형 시계로 나타내기
	4. 덧셈과 뺄셈(2)	[2수01-05] 덧셈과 뺄셈이 이루어지는 실생활 상황과 연결하여 덧셈과 뺄셈의 의미를 이해한다. [2수01-06] 두 자리 수의 범위에서 덧셈과 뺄셈의 계산 원리를 이해하고 그 계산을 할 수 있다.	• (몇)+(몇)=(십몇)의 계산 원리를 이해하고 계산하기 • (십몇)-(몇)=(십), (십몇)-(몇)=(몇)의 계산 원리 이해하고 계산하기 • 여러 가지 덧셈과 뺄셈 해 보기

	5. 규칙 찾기	[2수02-01] 물체, 무늬, 수 등의 배열에서 규칙을 찾아 여러 가지 방법으로 표현할 수 있다. [2수02-02] 자신이 정한 규칙에 따라 물체, 무늬, 수 등을 배열할 수 있다.	• 규칙 찾아보기 • 규칙 만들어 보기 • 수 배열에서 규칙 찾아보기 • 수 배열표에서 규칙 찾아보기 • 규칙을 여러 가지 방법으로 나타내 보기 • 규칙을 정해 무늬 꾸며보기
2	6. 덧셈과 뺄셈(3)	[2수01-05] 덧셈과 뺄셈이 이루어지는 실생활 상황과 연결하여 덧셈과 뺄셈의 의미를 이해한다. [2수01-06] 두 자리 수의 범위에서 덧셈과 뺄셈의 계산 원리를 이해하고 그 계산을 할 수 있다.	• (몇십몇)+(몇), (몇십)+(몇십), (몇십몇)+(몇십몇)의 계산 원리를 이해하고 계산하기 • (몇십몇)-(몇), (몇십)-(몇십), (몇십몇)-(몇십몇)의 계산 원리를 이해하고 계산하기 • 그림을 보고 덧셈 이야기를 만들고 덧셈식으로 나타내기 • 그림을 보고 뺄셈 이야기를 만들고 뺄셈식으로 나타내기

출처_『초등학교 수학 교사용 지도서 1-1, 1-2』 교육부

통합 교과(바른생활, 슬기로운생활, 즐거운생활)

※ '주요 학습 내용'은 단원의 특성을 이해할 수 있도록, 단원별로 제시되어 있는 예시 내용 중 일부를 발췌하였습니다.

학기	단원명	성취 기준	주요 학습 내용
1	학교	[2바01-01] 학교생활 습관과 학습 습관을 형성하여 안전하고 건강하게 생활한다. [2슬01-01] 학교 안팎의 모습과 생활을 탐색하며 안전한 학교생활을 한다. [2즐01-01] 즐겁게 놀이하며, 건강하고 안전하게 생활한다.	**영역 : 우리는 누구로 살아갈까** 초등학교 1학년 학생이 생활하고 학습하는 데 필요한 기본적인 내용을 다룸 • 화장실 생활 방법 • 급식 준비 및 정리 방법 • 교실과 복도, 계단의 바른 통행 방법 • 자신의 물건 정리 방법 • 가방 정리 방법 • 색연필 사용법 및 선 따라 긋기 • 색칠하기, 오리기, 붙이기 • 기본자세, 발표 자세 • 학용품 안전하게 사용하는 방법 • 운동장 안전하게 사용하기 • 교통 수칙과 보행자 수칙 알기 • 안전하게 횡단보도 건너기 • 친구와 관련된 노래 배우기 • 협동 작품 만들기 • 기본예절 배우기 • 집중하는 방법 • 학교(상징, 위치, 특별실 등) 이해하기 • 분리배출 • 학교에서 지켜야 할 규칙
	사람들	**-주제 수업-** [2바01-03] 가족이나 주변 사람을 배려하며 관계를 맺는다. [2슬01-03] 가족이나 주변 사람에게 관심을 갖고 함께 살아가는 모습을 탐구한다. [2즐01-03] 가족이나 주변 사람과 소통하며 어울린다.	**영역 : 우리는 누구로 살아갈까** 우리 주변의 사람들을 탐구하고 관계를 이해하는 데 중점을 둔 단원으로 학생은 사람들이 서로 배려하고 소통하며 어울려 살아가야 함을 깨닫고 '나'의 정체성을 배움

		-놀이·안전 수업- [2바01-01] 학교생활 습관과 학습 습관을 형성하여 안전하고 건강하게 생활한다. [2슬01-01] 학교 안팎의 모습과 생활을 탐색하며 안전한 학교생활을 한다. [2즐01-01] 즐겁게 놀이하며, 건강하고 안전하게 생활한다.	• 내 주변에서 함께 살아가는 사람들 생각해 보기 • 서로의 고민 나누기 • 사람들의 다양한 표정을 통한 감정 살피기 • 내가 아는 사람과 나의 관계 알기 • 가족의 호칭 • 이웃과 도움을 주고받은 경험 • 사람들과 주고받는 말 • 사람들과 함께 모여 할 수 있는 일 • 친구와의 공통점과 차이점 이해하기 • 사람들의 다양한 생활 이해 • 주변 사람과 함께하는 행사 • 사람들과 도움을 주고받은 경험 • 내가 도움을 주고 싶은 사람 • 만나고 싶은 사람 초대하기
	우리나라	-주제 수업- [2바02-02] 우리나라의 소중함을 알고 사랑하는 마음을 기른다. [2슬02-02] 우리나라의 모습이나 문화를 조사한다. [2즐02-02] 우리나라의 문화 예술을 즐긴다. -놀이·안전 수업- [2바01-01] 학교생활 습관과 학습 습관을 형성하여 안전하고 건강하게 생활한다. [2슬01-01] 학교 안팎의 모습과 생활을 탐색하며 안전한 학교생활을 한다. [2즐01-01] 즐겁게 놀이하며, 건강하고 안전하게 생활한다.	**영역 : 우리는 어디서 살아갈까** 우리나라 전통과 문화를 경험할 수 있도록 구성하였으며 우리 문화의 소중함을 느끼고 친구들과 공유하면서 공동체 의식을 배움 • 우리나라 사계절의 특징 • 태극에 담긴 의미 • 무궁화 살펴보고 장식품 만들기 • 화폐에 그려진 인물에 대해 살펴보기 • 전통 문양 관찰하기 • 한글 창제 이유 • 우리나라 음식 • 한복의 아름다움 및 소중함 • 우리나라 놀이 • 우리나라 명절 • 우리나라 민요 • 우리나라 탈춤 • 다양한 모양과 색상의 부채 살펴보기 • 오늘날의 집과 한옥의 다른 점 • 남한과 북한의 비슷한 점 다른 점

| 1 | 탐험 | -주제 수업-
[2바02-04] 새로운 활동에 호기심을 갖고 도전한다.
[2슬02-04] 궁금한 세계를 다양한 매체로 탐색한다.
[2즐02-04] 다양한 세상을 상상하고 표현한다.

-놀이·안전 수업-
[2바01-01] 학교생활 습관과 학습 습관을 형성하여 안전하고 건강하게 생활한다.
[2슬01-01] 학교 안팎의 모습과 생활을 탐색하며 안전한 학교생활을 한다.
[2즐01-01] 즐겁게 놀이하며, 건강하고 안전하게 생활한다. | **영역 : 우리는 어디서 살아갈까**
탐험이란 단원은 자신이 갈 수 있지만 가보지 못한 곳이 아닌 우주, 바닷속, 땅속처럼 지금은 못 가지만 언젠가는 갈 수 있는 장소를 대상으로 상상과 탐구를 할 수 있도록 함

• 물체에 호기심 갖고 탐험하기
• 오감으로 새로운 세상 상상하고 표현하기
• 궁금한 세상을 탐험할 때 마음가짐
• 탐험선 만들기
• 나만의 탐험복 표현하기
• 탐험에 필요한 준비물
• 탐험을 위한 호기심과 도전 정신 기르기
• 탐험 세상 표현하기
• 새로운 세상에 필요한 기지를 상상하고 표현하기
• 탐험 세상에서 만난 친구 표현하기
• 탐험 시장에 있는 물건 표현하기
• 탐험 세상에 어울리는 소리 만들기
• 탐험할 세상에 대해 궁금한 점 탐색하기
• 탐험 초대장 만들기
• 탐험 전시회 열기 |
| 2 | 하루 | -주제 수업-
[2바03-01] 하루의 가치를 느끼며 지금을 소중히 여긴다.
[2슬03-01] 하루의 변화와 사람들이 하루를 살아가는 모습을 탐색한다.
[2즐03-01] 하루를 건강하고 활기차게 지낸다.

-놀이·안전 수업-
[2바01-01] 학교생활 습관과 학습 습관을 형성하여 안전하고 건강하게 생활한다.
[2슬01-01] 학교 안팎의 모습과 생활을 탐색하며 안전한 학교생활을 한다.
[2즐01-01] 즐겁게 놀이하며, 건강하고 안전하게 생활한다. | **영역 : 우리는 지금 어떻게 살아갈까**
학생들이 하루에서 경험할 수 있는 다양한 소재들을 다루며 하루 자체에 대한 소중함을 다룸

• 하루 동안 하늘의 변화 알기
• 하루를 살아가는 모습의 차이 알기
• 운동을 통한 건강한 하루 보내기
• 습관 형성하기
• 나의 아침 일과
• 서로 다른 하루
• 규칙적인 식사
• 다양한 감정
• 깊은 잠의 중요성과 건강한 잠자리 습관
• 자신이 좋아하는 하루 일과
• '오늘-하루'의 가치와 소중함
• 규칙적인 일과
• 특별한 하루 만들기 |

| 2 | 약속 | -주제 수업-
[2바03-04] 공동체 속에서 지속 가능성을 위한 삶의 방식을 찾아 실천한다.
[2슬03-04] 우리의 생활과 관련된 지속 가능성의 다양한 사례를 찾고 탐색한다.
[2즐03-04] 안전과 안녕을 위한 아동의 권리가 있음을 알고 누린다.

-놀이·안전 수업-
[2바01-01] 학교생활 습관과 학습 습관을 형성하여 안전하고 건강하게 생활한다.
[2슬01-01] 학교 안팎의 모습과 생활을 탐색하며 안전한 학교생활을 한다.
[2즐01-01] 즐겁게 놀이하며, 건강하고 안전하게 생활한다. | **영역 : 우리는 지금 어떻게 살아갈까**
학생들이 자신의 삶과 관련된 문제들을 다룸으로써 현재 자신의 행동이 미래에 어떤 영향을 미치는지 예측해 볼 수 있도록 함. '지속 가능성'을 구체적으로 경험할 수 있도록 구성되어 있음

• 어린이의 권리
• 물 절약의 필요성 및 습관 기르기
• 에너지 절약의 필요성 및 에너지 절약 방법을 알고 실천하기
• 일회용품과 다회용품
• 과대 포장의 문제점 및 해결 방법
• 우리 주변의 플라스틱
• 지속 가능한 식생활 습관
• 멸종 위기 동물
• 지구를 위한 소비 방법
• 평화를 지키기 위한 약속
• 생활 속 편견과 차별 이해하기
• 어린이의 권리-참여권
• 어린이의 권리-발달권
• 다른 사람의 권리 존중
• 쓰담 걷기 실천하기 |
| | 상상 | -주제 수업-
[2바04-02] 다양한 생각이나 의견에 대해 개방적인 태도를 형성한다.
[2슬04-02] 상상한 것을 다양한 매체와 재료로 구현한다.
[2즐04-02] 자유롭게 상상하며 놀이한다.

-놀이·안전 수업-
[2바01-01] 학교생활 습관과 학습 습관을 형성하여 안전하고 건강하게 생활한다.
[2슬01-01] 학교 안팎의 모습과 생활을 탐색하며 안전한 학교생활을 한다.
[2즐01-01] 즐겁게 놀이하며, 건강하고 안전하게 생활한다. | **영역 : 우리는 무엇을 하며 살아갈까**
학생들이 체험을 알게 된 것을 표현, 변형, 재창조함으로써 '상상'에 다가갈 수 있도록 함. 아날로그 매체와 인터넷 매체를 활용하여 상상을 가시화할 수 있도록 함

• 관찰 대상의 미래의 모습 상상하기
• 오감으로 물건 상상하기
• 관찰한 대상을 변형 또는 재창조하기
• 다양한 위치에서 물건 살펴보기
• 새로운 동물 표현하기
• 꿈속 경험이나 상상의 세계 표현하기
• 다양한 물건으로 악기 표현하기
• 초능력 상상하기
• 가상 공룡 관찰하고 체험하기
• 자신만의 음악 창조하기
• 몸짓과 표정으로 표현하기
• 역발상과 거꾸로 발상 모으기
• 주변 사물로 자유롭게 상상하기
• 세 고개 놀이 |

2	이야기	-주제 수업- [2바04-03] 여럿이 하는 활동에 관심을 갖고 자발적으로 협력한다. [2슬04-03] 경험한 것 중에서 관심 있는 주제를 정하고 조사한다. [2즐04-03] 생각이나 느낌을 살려 전시나 공연 활동을 한다. -놀이·안전 수업- [2바01-01] 학교생활 습관과 학습 습관을 형성하여 안전하고 건강하게 생활한다. [2슬01-01] 학교 안팎의 모습과 생활을 탐색하며 안전한 학교생활을 한다. [2즐01-01] 즐겁게 놀이하며, 건강하고 안전하게 생활한다.	**영역 : 우리는 무엇을 하며 살아갈까** 학생들이 일 년 동안 경험한 것들을 이야기라는 소재를 활용해 나만의 이야기를 만들 수 있도록 함 • 자신의 소원 이야기하기 • 학교에서 이루고 싶은 소원 • 친구의 소원을 들어줄 계획 세우기 • 소원 들어주기 • 소원 전시회 열기 • 친구에게 들려줄 이야기 찾기 • 1년 중 가장 인상 깊었던 일 그림으로 표현하기 • 자신의 이야기 들려주기 • 1년간 들었던 감정을 노래로 표현하기 • 경험 이야기를 공연으로 만들어 표현하기 • 비밀 친구 놀이 • 비밀 친구 인형 만들기 • 인형극 대사 만들기 • 함께 무대 꾸미기 • 인형극 공연 및 감상하기 • 기억에 남는 장면 이야기하기 • 작품 발표회 하기 • 친구들의 잘한 점 칭찬하기

출처_『초등학교 바른생활, 슬기로운생활, 즐거운생활 교사용 지도서 1-1, 1-2』교육부

참고 자료

- 「유·초 연계성 측면에서의 미국 유치원과 초등학교 교육과정 내용 분석」 김경철&성영실, 예술인문사회융합멀티미디어 논문지(2017, vol.7, no.3, 통권 29호)
- 「유치원 교사를 위한 유초 연계 교육 교사 연수 프로그램 개발」 양지애&이정욱, 유아교육학논집(2018)
- 『개정 누리과정에 기반한 유·보, 유·초 이음교육 지원 자료』 교육부(2022b).
- 『꿈자람 행복동행, 유·초 연계교육 길라잡이』 대전광역시교육청(2020)
- 『유·초 놀이이음 2023_유·초 이음교육 들여다보기』 경기도교육청(2023a)
- 『유·초 연계 교육 운영 모델 개발 연구: 이음교육 시범 사업을 중심으로』 문무경&강규돈, 육아정책연구소(2022)
- 『유·초 연계를 위한 이음교육 지원 컨설턴트 매뉴얼』 교육부, 전국 17개 시도교육청(2023)
- 『잇다 유·초 이음학기(유치원편)』 경기도교육청(2023b).
- 『잇다 유·초 이음학기(초등학교편)』 경기도교육청(2023c).
- 『초등학교 국어 교사용 지도서 1-1』 교육부(2024a)
- 『초등학교 국어 교사용 지도서 1-2』 교육부(2024b)
- 『초등학교 수학 교사용 지도서 1-1』 교육부(2024c)
- 『초등학교 수학 교사용 지도서 1-2』 교육부(2024d)
- 『초등학교 바른생활, 슬기로운생활, 즐거운생활 교사용 지도서 1-1』 교육부(2024e)
- 『초등학교 바른생활, 슬기로운생활, 즐거운생활 교사용 지도서 1-2』 교육부(2024f)
- 『2019 개정 누리과정 해설서』 교육부, 보건복지부
- 『2022 개정 교육과정 총론』 교육부(2022a, 교육부 고시 제2022-33호)
- 『2022 개정 교육과정 초1~2년 통합교과(바슬즐) 이해 연수 자료』 경남교육청(2023)
- 『2024 행복한 학부모 꿈꾸는 1학년』 경기도교육청(2023d).